CONSIDÉRATIONS STRATÉGIQUES

SUR LE GOULET, LA RADE, LES FORTIFICATIONS

L'ATTAQUE ET LA DÉFENSE DE TOULON.

CONSIDÉRATIONS STRATÉGIQUES

SUR

LE GOULET, LA RADE,

LES FORTIFICATIONS,

L'ATTAQUE ET LA DÉFENSE DE TOULON.

COMPARAISON ENTRE SÉBASTOPOL ET TOULON.

PAR LASNAVERES,

CHEVALIER DE LA LÉGION D'HONNEUR, CHIRURGIEN DE LA MARINE EN RETRAITE.

Je commence par déclarer dans cette brochure que je professe la plus grande reconnaissance pour le Gouvernement providentiel de ce jour, que je n'ai l'intention de blesser personne, grands ou petits, et que si je venais à payer quelque tribut à l'erreur, ce ne pourrait être qu'à la suite d'une illusion d'optique, et rien de plus.

Tout homme de bien, dévoué à son souverain et à son pays, doit déposer au pied du trône son tribut de patriotisme, quelque modeste qu'il soit, en disant tout ce que, dans sa conscience, il croit être la vérité.

Principes du ministre Sully.

PARIS.

IMPRIMÉ PAR E. THUNOT ET Cᵉ,

RUE RACINE, 26.

1861

A

LA MÉMOIRE DE MON PÈRE,

JEAN LASNAVERES,

CHIRURGIEN DE LA MARINE, ENTRETENU DE PREMIÈRE CLASSE, BÉARNAIS D'ORIGINE.

On remplace un ami, son épouse, une amante,
Mais un vertueux père est un bien précieux
Qu'on ne tient qu'une fois de la bonté des dieux.

CONSIDÉRATIONS STRATÉGIQUES

SUR

LE GOULET, LA RADE,

LES FORTIFICATIONS,

L'ATTAQUE ET LA DÉFENSE DE TOULON.

Sed in magna copia rerum aliud alii iter natura ostendit.

Mais entre les nombreux moyens de gloire la nature montre à chacun un chemin différent.

(CONJURATION DE CATILINA.)

Aussi je prends la voie qui conduit aux fortifications de Toulon pour pénétrer ensuite dans les plans qui sont à l'état latent de l'autre côté de la Manche.

En profitant du décret du 24 novembre 1860, je n'ai l'honneur de demander à mes lecteurs qu'une seule faveur, celle d'accorder leur bienveillante attention à un mémoire qui ne m'a été dicté que par mon dévouement à l'auguste personne de notre souverain, ainsi que par mon attachement à mon pays de France.

1° Le 19 mai 1798, lors de l'expédition d'Égypte, l'empereur Napoléon Ier avait compris que le port de Toulon était apppelé à devenir le grand boulevard de la France dans la Méditerranée, et que son opinion serait sentie par tous les souverains qui auraient à cœur de jouer un noble rôle dans les affaires de haute civilisation, d'humanité, de commerce et peut-être de salut européen.

Et d'abord qu'on veuille bien me permettre de rappeler que Toulon est en face de l'Algérie ; sur laquelle le canon de la France doit toujours être braqué, de l'Italie qui ne peut vivre que de la vie de la France, et sous la haute protection de l'empereur Napoléon III; de Constantinople qui sera tôt ou tard envahi par les Russes, qui ne mirent pas à profit notre situation de 1848 ; qu'enfin Toulon pourrait aussi se trouver enserré, à un moment inattendu, par deux puissantes places d'armes de l'Angleterre, savoir : Gibraltar à l'ouest et Malte à l'est; qu'en un mot le sommet de ce triangle sis au sud de Toulon est complété par les bassins de Mahon.

Mais ces derniers, fidèlement gardés par nos voisins les Espagnols qui, grâce à Sa Majesté Napoléon III, n'ont plus de rancune contre la France, ne serviraient pas, dans de graves conjonctures, de dépôt pour des brigades anglaises préparées à agir contre la ville d'Alger au sud ou contre Toulon au nord.

Donc, comme conséquence du jugement porté par le grand homme, découlèrent des expéditions que je vais sommairement récapituler à titre d'avant-propos.

2° L'expédition de Morée en août 1828, suite du combat de Navarin en octobre 1827, pour soustraire à la cruauté des Turcs les populations grecques de cette contrée. Premier démembrement de l'empire ottoman, à l'aide d'une coalition maritime, sans compensation pour la France, mais d'une importante influence morale pour la Russie, les Grecs schismatiques étant, par le cœur, aussi Russes que les habitants de Moscou. Les revers de l'Alma, d'Inkerman, de Sébastopol furent des sujets de douleur pour tous les Hellènes, même pour ceux qui peuplent Zante, Corfou, Céphalonie. A Constantinople, ouvertement et en ma présence, en 1855, on gémissait sur les infortunes de l'empereur Nicolas.

3° L'expédition d'Alger en 1830, effectuée malgré la colère de l'Angleterre et de lord Palmerston, mais aussi avec l'assentiment de l'empereur de Russie. Deuxième démembrement de la Turquie, mais avec une compensation morale et physique pour la France. Destruction de la piraterie barbaresque et acquisition d'une colonie que la campagne de la Grande-Kabilie, exécutée par la volonté de notre souverain, a décidément acquise à la métropole.

4° L'expédition du Tage en 1831.

5° L'expédition d'Ancône en 1832.

6° L'expédition de Rome en 1849, dont la conclusion a été le rétablissement du pape Pie IX.

7° L'expédition de Crimée et le débarquement des Français le 13 septembre 1854, à Eupatoria, suivi de la prise de Sébastopol le 8 septembre 1855. Ce jour-là encore la violence du vent du sud-ouest s'est opposée à l'embossage des escadres alliées, circonstance qui n'a point permis à l'Angleterre de revendiquer en sa faveur une portion de la gloire de la prise de Sébastopol, dont la chute a eu un si grand retentissement uniquement en faveur de l'empereur Napoléon III, de la France, de son armée et de l'énergique maréchal Pélissier, duc de Malakoff.

8° L'expédition d'Italie en 1859, conduite par Sa Majesté Napoléon III en personne, dont les victoires de Magenta, de Solferino et la paix furent le couronnement, ainsi que l'annexion de la Savoie et du comté de Nice à la France.

Campagne, courage et noble modération qui valurent à notre souverain la reconnaissance de la nation, la bienveillance de la Russie, le respect et l'admiration de l'Europe et des États-Unis d'Amérique, et dans laquelle, en brandissant les drapeaux de nos héroïques régiments, Napoléon III a secoué la poussière qui couvrait les couleurs de la patrie.

9° Les expéditions, en même temps religieuses, politiques et commerciales de la Cochinchine, de la Syrie, de la Chine, la dernière surtout, terminée plus promptement que ne le pensaient les Français sincèrement attachés à Sa Majesté Napoléon III.

CHAPITRE IER.

De Toulon, ou unique et grand boulevard de la France dans la Méditerranée, pouvant avoir comme satellites Port-Vendre à l'ouest, peut-être Villefranche à l'est, et Alger au sud.

Jusqu'à ce jour Toulon fut un lieu d'où partirent de nombreuses expéditions. Il pourrait encore se faire, d'un moment à l'autre, qu'un grand nombre de vaisseaux et de régiments y fussent concentrés pour des destinations analogues à celles dont nous avons été les témoins. A part l'expédition d'Égypte, toutes ont été opérées pendant que la France était en paix avec l'Angleterre; mais ce qui n'a pas échappé aux esprits sérieux, c'est qu'il pourrait advenir, même dans une heure imprévue, que des expéditions formidables fussent lancées contre ce même port. Lorsque Catherine jetait les fondements de Sébastopol, la Russie était loin d'admettre que, sous un souverain aussi redoutable que l'était l'empereur Nicolas, le pavillon de la France serait planté par ses soldats, habillés à la turque, sur les remparts de cette place, et que les Anglais ne seraient pas heureux au pied d'un redan.

Un immense matériel naval est enfermé dans Toulon, mais les fortifications dont cette rade est entourée ne sont nullement à la hauteur des dangers de la part d'une attaque par une escadre anglaise composée de frégates, de bombardes et de vaisseaux cuirassés à vapeur, commandés par un nouveau Nelson. Que la France ne se fasse pas illusion, l'Angleterre est fertile en grands amiraux et capitaines de vaisseau doués d'une incalculable perspicacité maritime, en équipages braves, mais surtout bien exercés, que leur haine contre la France rendrait encore plus dangereux, attisée qu'elle serait par les vociférations intermittentes de lord Palmerston ou d'un autre, par sa création de volontaires, espèce de landwehr, enfin l'accroissement incessant du matériel naval de la Grande-Bretagne. C'est que cet homme d'État voudrait peut-être trouver une occasion favorable pour écraser la marine de la France avant que la marine russe ne fût en état de compter dans la balance, c'est ce qui nous expliquerait la grande activité du jeune et intelligent prince Constantin.

Toutefois, une observation qui a trait au grand sujet que je traite, c'est qu'à Toulon on aurait laissé commettre, à mon avis, des erreurs que la faiblesse ou l'imprévoyance, loin de diminuer, laisserait toujours augmenter en permet-

tant l'accumulation, à de bien faibles distances des glacis
de la ville, d'une foule de maisons, à la condition sans
doute que ces dernières seraient démolies en cas de siége.
Mais où irait alors ce peuple sans feu ni lieu, et pour lui
conserver ses feux et ses lieux faudrait-il compromettre la
sûreté des arsenaux de Toulon? Donc, pour obvier à ce rassemblement, je proposerai respectueusement au gouvernement de l'empereur de porter les limites de la première
zone militaire où sont les limites de la deuxième et ainsi de
suite, et de défendre, sous peine de démolition immédiate
et aux frais des propriétaires, l'établissement de nouvelles
habitations sur ces mêmes zones que j'appellerai à l'avenir
les racines horizontales des fortifications.

Frappé de la résistance de Sébastopol, dont j'ai été un
des témoins oculaires, j'avouerai qu'une place forte ne devrait avoir que des canons pour la défendre, de la farine,
des médicaments et des médecins pour nourrir les troupes
et soigner les blessés, des toitures pour les abriter, de la
poudre et de la mitraille, comme aliments de l'artillerie,
et un général en chef habile, mû par les sentiments de
l'honneur et du patriotisme qui furent les fameux conseil-
lers du général Totleben enfermé pendant douze mois dans
Sébastopol, ou du prince Masséna bloqué dans Gênes.

Une population civile est toujours un grand fardeau, alors
même qu'elle serait guerrière; mais comme on ne pourrait
pas, en cas de siége, renvoyer en totalité les habitants de
Toulon, il conviendrait, en temps de paix, de mettre un frein
à une grande agglomération. Que celle-ci aille donc se con-
denser et bâtir ses abris dans les villages de la Valette,
d'Ollioules, du Plan-de-la-Tour, de Six-Fours, situés à 4
et 5 kilomètres de Toulon. Débarrassé de cette population,
le général en chef pourrait se porter ainsi sur tous les

points de l'horizon, Toulon pouvant être attaqué par terre
et par mer.

L'histoire des guerres du premier empire français nous
apprend que plusieurs places d'Allemagne durent leur
chute non-seulement à la sagacité de l'empereur Napoléon Ier, à la vaillance de nos brigades, mais aussi à l'imprévoyance du génie militaire qui avait laissé élever des
faubourgs à une portée de pistolet des remparts. Ce que les
Allemands n'ont su ni arrêter ni prévoir, nous le tolérons
aux portes de Toulon; ce dont je donnerai des preuves encore plus explicites lorsque j'aborderai la question urgente
d'un grand camp retranché au nord de cette ville.

Quelle peine il a fallu au prince Masséna, à cause de la
densité de la population civile, pour se maintenir dans
Gênes, sous Napoléon Ier !

De nos jours, le faubourg, assis à 500 mètres de Gaeta,
compromettait tellement cette place, que le général Bosco
avait tenté une sortie dans le but de l'incendier vu que les
Piémontais y établissaient des batteries de brèche. Le comte
de Stahremberg, gouverneur de Vienne, brûlait lui-même
les vastes faubourgs de cette ville pour ne pas compromettre
le salut de la capitale en face de Mahomet IV à la tête de
300,000 Turcs (14 juillet 1683) : la capitale et la chrétienté furent sauvées en même temps par l'intrépide et généreux Jean Sobieski, roi de Pologne.

Imbu de cette grande vérité, M. Totleben fit évacuer
toute la population civile renfermée dans Sébastopol, ainsi
que celle qui était campée dans un misérable village situé à
1 kilomètre des bastions. Quel embarras pour lui s'il avait
eu sur les bras une population de 42,000 âmes, comme
cela se passait au siége de Saragosse en janvier 1809 !

Paul Ier, Alexandre Ier, Nicolas suivirent ponctuellement les vues de Catherine depuis la fondation de Sébastopol, dans lequel aucun bâtiment étranger n'avait accès. Il n'y avait en effet, en 1854, qu'une population civile insignifiante, que des casernes pour y loger une armée de débarquement et une escadre destinées à se rendre, à un jour propice (qui n'est que différé et qui arrivera après la réconciliation de la Russie avec la Pologne à laquelle une main sacrilége et occulte s'oppose, mais qui n'est pas celle de la France), maîtresses des Dardanelles, à détruire Constantinople, à la place du vieux sérail, borné par la corne d'or, y hérisser un nouveau Kremlin, relever Sainte-Sophie, qu'avec hyperbole on voudrait comparer à Saint-Pierre de Rome, y élever une capitale la plus majestueuse de l'univers, deux pieds en Europe, une main en Asie, et ce sur les cendres d'un peuple que la religion de Mahomet a transformé en un troupeau de panthères. Que la croix latine, ou ce qui est plus probable, la croix de Moscou domine un jour le dôme de Sainte-Sophie, ce sera toujours la croix du Christ remplaçant le croissant, symbole des ténèbres et de la barbarie, rougi du sang de tant de chrétiens depuis 1492 jusqu'en 1860, témoin les massacres de la Syrie.

Tout ce que je dis ici, je ne l'ai puisé ni dans les brochures, ni dans les revues, ni dans les journaux, mais bien dans ma tête qui jouit du calme et de la plénitude de la raison et à la suite de profondes méditations que j'ai faites sur les lieux.

Dans les ukases concernant Sébastopol, il est formellement défendu d'y laisser pénétrer aucun étranger à la Russie et encore moins des navires de commerce. Depuis longtemps ce profond cabinet avait pressenti qu'un port devait être ou totalement de guerre ou entièrement marchand; aussi toute la marine marchande s'est-elle dirigée sur

Odessa à l'embouchure du Dnieper et du Bug, sur les rives du Danube, à Kerch tout près d'Ienikalé et dans la mer d'Azof. Par là Sébastopol n'avait et n'aurait encore, au jour du danger, que des soldats et pas ou peu d'habitants civils.

Pourrait-on appliquer cette sévérité à Toulon?

Je ne le pense pas, mais voici dans quelles limites. Depuis longtemps les caboteurs de cent et de deux cents tonneaux viennent en face de la commune, précisément sur la place occupée par le bal que Leurs Majestés Napoléon III et l'impératrice honorèrent de leur présence, le 11 septembre 1860, y laisser leur cargaison de blés. Quelques Américains, des Suédois déposent des bois de construction sur les quais du Mourillon. Les Anglais et quelques Français se débarrassent de leur charbon de New-Castle sur les rives de Castigneau ; ils ne stationnent pas dans le port et n'y font aucun chargement. Qu'arriverait-il si des navires marchands venaient débarquer leur fret à Toulon pour en embarquer de nouveau? Un surcroît énorme de population, et comme il est convenu par tous les hommes de guerre qu'une population civile, dans une place forte et ses environs, constitue un état anormal, il en résulterait une chance défavorable de plus touchant la défense de Toulon en temps de guerre.

CHAPITRE II.

De la darse, dite de la mâture.

L'arsenal du Mourillon aurait besoin d'être maintenu intact.

C'est un emplacement des plus favorables pour la construction des vaisseaux de ligne ; il faudrait le créer s'il n'existait pas. Situé dans d'autres parties de la rade, il y serait tout aussi facilement incendié si une escadre anglaise pénétrait dans cette même rade. Les cales couvertes de Cherbourg font naître la surprise, celles du Mourillon l'admiration.

La cession au commerce de la darse dite *de la mâture* serait peut-être un sujet de convoitise pour quelques hommes propriétaires de maisons ou de terrains à vendre au quartier du Mourillon, mais cette darse appartient à la marine impériale, et il ne serait pas prudent de s'en dessaisir par des motifs les plus palpables :

1° S. M. Napoléon III a ordonné l'agrandissement de l'arsenal de Toulon, parce que ce dernier n'était en rapport ni avec son importance ni avec son matériel naval ; mais en cédant au commerce cette darse, dite de la mâture, on se priverait d'un espace dont la perte pour l'État diminuerait d'autant l'agrandissement de Castigneau.

2° Dans la darse de la mâture se trouvent agglomérées

des casernes flottantes qu'il faudrait transporter ailleurs. Dans ces casernes sont logés les équipages de ligne qui y rencontrent la salubrité, l'isolement et l'eau douce en abondance pour y laver leur linge. Ce serait, au cas d'incendie des chantiers du Mourillon, un grand corps de garde que le préfet maritime aurait sous sa main et qu'avec le secours des embarcations de réserve, on transporterait incontinent sur le lieu du désastre sans qu'il fût nécessaire de tirer, soit pendant le jour, soit pendant la nuit, les trois coups de canon d'alarme. Ce secours mérite quelque considération.

La même organisation devrait être appliquée aux arsenaux de Castigneau. On éviterait ainsi l'ouverture des portes, le bruit de l'artillerie, la commotion morale des habitants de la ville et dans l'intérieur du port la confusion, celle-ci, dans beaucoup de cas, étant la conséquence d'un trop grand nombre de sujets, ainsi que j'ai pu m'en convaincre moi-même. Une maison de modeste apparence, entourée de quelques vieilles tourelles, au pied de laquelle coule un ruisseau, que l'on décorait du titre pompeux de château Missiessy, est perchée sur un tertre. C'est là que serait bien placé un corps de garde tout prêt à se porter vers le lieu incendié.

Comme mesure hygiénique, cet avant-poste serait immédiatement peint à la chaux, d'autant plus que tout le terrain qui s'étend du pied de cette maison de campagne à la mer est bas, d'une nature qui paraîtrait marécageuse et par conséquent insalubre. Du reste, je dirai à mes lecteurs, une fois pour toujours, que ce mémoire ne résume qu'une partie des faits dont j'ai été le témoin pendant vingt-deux ans de voyage.

J'entends dire à des hommes ou profondément ignorants

ou intéressés, et le nombre en est grand, que la darse de
la mâture est malsaine; pourrait-on citer à l'appui d'un
pareil fait une épidémie de typhus de dyssenterie ou de
fièvres pernicieuses.

3° L'empereur n'aura jamais assez de place ni à Toulon
ni ailleurs pour loger ses vaisseaux, qui prennent des proportions colossales, et les marins appelés à les défendre.
Quand on songe à l'Angleterre qui crée des établissements
pour 10,000 matelots et 5,000 mousses, le gouvernement
se dessaisirait d'une propriété ou emplacement que l'on
devrait regarder comme le gardien vigilant des riches
chantiers du Mourillon !

Comme le disent les Russes, un port doit être entièrement
de guerre ou tout à fait marchand. Que Marseille soit l'Odessa
ou la Venise de la France, mais que Toulon soit uniquement un Sébastopol ou, ce qui vaudrait encore mieux, un
Cronstadt. Tous les hommes amis des intérêts de l'État me
donneront leur adhésion, j'ose le croire.

Relativement à la création de navires-écoles pour les
mousses, mais sur une vaste échelle, comme cela se pratique en Angleterre, c'est à Brest que le choix devrait in-
comber. Là on trouverait des sujets nombreux, braves,
intelligents, vraiment religieux, dociles, nés pour la mer
et le métier des armes. Arrivés à leur majorité, on en retirerait des hommes d'élite qui ne se plaindraient ni du froid,
ni du soleil, ni de la pluie, ni du vent, n'importuneraient
jamais le conseil de santé pour se soustraire à telle ou telle
campagne, ne reculeraient plus tard ni devant la fièvre
jaune des Antilles, les maladies du foie ou les coliques sè-
ches du Sénégal, de Madagascar ou de Cayenne, résignés
dans les souffrances pendant les croisières, d'un dévouement
à toute épreuve vis-à-vis des autorités, lesquelles n'auraient

aucun reproche à leur adresser, ni sur leur égoïsme ni sur leur ingratitude. En 1852, dans le Levant, alors que l'honorable sénateur, l'amiral Romain-Desfossés, avait son pavillon à bord de la frégate à voiles *la Pandore*, M. du Bouzet étant son capitaine de pavillon, et tant que ce navire n'a eu pour équipage que des Bretons, jamais un jugement n'a été prononcé contre un seul homme. J'avais fait la même remarque à bord de la frégate à vapeur *le Vauban*, lancée et armée en 1847 au port de Lorient, et pendant la guerre de Crimée à bord de la frégate à vapeur *le Darien*, où ces honnêtes gens mettaient tant d'empressement pour secourir nos malheureux blessés ; et sans vouloir décrier ni les équipages provençaux ni les équipages languedociens, ainsi que ceux qui appartiennent à nos diverses côtes de l'Océan, je dirai, avec une ferme conviction, basée sur une longue étude de l'espèce humaine, de sa valeur intrinsèque et des choses d'ici-bas, que les équipages bretons bien conduits se montreront toujours supérieurs aux autres. Il n'y a là rien d'offensant pour personne, tous ne peuvent pas avoir le premier prix, et d'ailleurs Boileau n'a-t-il pas dit avec raison :

On peut avec honneur tenir le second rang.

Du reste, Sa Majesté Napoléon III et sa gracieuse compagne, dans leur voyage en Bretagne, les avaient jugés tels que je les désigne au conseil de l'amirauté à Paris.

Ces écoles de mousses seraient placées sous la surveillance sévère des officiers, des maîtres et surtout du capitaine d'armes, afin qu'avec le secours du climat, on parvînt à s'opposer à la naissance de ces vices honteux qui, en arrêtant la croissance des forces, détruisent l'intelligence et le sentiment de la dignité virile si nécessaires dans les combats.

On accuse le peuple breton d'être un peu intempérant; cela est vrai, mais une intempérance modérée et non habituelle est nécessaire dans les climats rigoureux pour la conservation de la santé, c'est Hippocrate qui l'a dit.

Enfin, retournant à Toulon, je répéterai que tout le littoral de cette rade ne devrait appartenir qu'à la marine impériale. On ferait donc bien de s'opposer, pour la sûreté des arsenaux de guerre, à ce qu'aucun établissement commercial ne fût fondé sur la ceinture de ladite rade; et s'il était trop tard pour supprimer les chantiers de la Seyne, du moins qu'on en arrête l'allongement et la marche, si l'on ne veut qu'un jour ils ne se prolongent jusque sur les arêtes du fortin de l'Aiguillette.

—◇—

CHAPITRE III.

En temps de guerre, changement de rôle entre les vaisseaux de ligne et les fortifications continentales. Conséquences des funérailles de Toulon.

Mais avec l'autorisation bienveillante de mes lecteurs, j'oserai annoncer que la vapeur, annexée comme puissance motrice aux bâtiments de ligne, a singulièrement métamorphosé la force des choses. Sous l'empereur Napoléon Ier, nos escadres sommeillaient paisiblement dans les rades de Toulon, de Cadix, de Rochefort, de Lorient, de Brest, de Cherbourg et d'Anvers. Toutefois, l'incendie de quatre vaisseaux à l'ancre sur la rade de l'île d'Aix (avril 1809) fut un effrayant coup de cloche. Cet auto-da-fé nous fit comprendre qu'il fallait mieux nous garder contre un ennemi audacieux, sans pitié, d'un jugement maritime sans égal. Dans ces temps-là une division navale embossée, protégée par des forts semés le long d'une côte, pensait être indestructible. Le combat soutenu par quelques vaisseaux français mouillés dans la baie d'Algésiras, en face de Gibraltar (5 juillet 1801), contre un division anglaise, était là pour le démontrer.

Mais aujourd'hui les rôles sont peut-être intervertis; ce sont les navires de nouvel échantillon qui seront la terreur des fortifications terrestres. L'invention des batteries flottantes, des frégates cuirassées dont l'empereur Napoléon III est l'auteur sont ici pour vous en prévenir.

La prise de Kilburn, à l'embouchure du Dniéper et du Bug, en est le témoin irrécusable. Les vaisseaux français et anglais firent beaucoup de bruit ; je ne dis pas qu'ils n'aient pu faire quelque mal, mais des personnes compétentes, à l'avis desquelles je me range, estiment que les batteries flottantes françaises, dont une a été le sujet de ma visite à la Corogne, auraient pu, à elles seules, faire amener le pavillon de la citadelle.

Le nouveau traité de commerce avec l'Angleterre a légèrement assoupi la haine de celle-ci contre la France. Cet assoupissement durera tant que les hommes qui nous sont hostiles de l'autre côté de la Manche ne pourront pas allumer de coalition contre nous ; mais cette coalition une fois consolidée, Toulon serait un des premiers points que

les Anglais chercheraient à incendier, et Cherbourg plus
tard, ou du moins en même temps. Cette destruction amè-
nerait peut-être la consternation chez un puissant ami, la
perte de notre influence en Égypte, en Italie et la Corse
compromise. Abd-el-Kader, de gré ou non, s'embarquerait
à bord d'un navire anglais avec force munitions de guerre,
que cet homme, calme et peut-être en apparence notre
ami, leur payerait avec les blocs d'argent français enfouis
dans la Kabilie; et cette colonie, sur laquelle le canon de
la France doit toujours être braqué, qui nous coûte tant de
sang et tant d'or, nous serait ravie à jamais pour passer
sous le protectorat de l'Angleterre, et pareil à celui qu'elle
exerce à Malte et sur les îles Ioniennes. Le commerce de
Marseille serait réduit à néant, et le percement de l'isthme
de Suez ne profiterait qu'à Venise et à Malte; maîtres de la
Méditerranée par les obsèques de Toulon, les Anglais s'empareraient à l'amiable ou par la violence de plusieurs îles
de cette mer, de la Sicile qui est le grenier de Malte et la
clef du détroit de Messine, de la Sardaigne qui commande
une autre clef, les bouches de Bonifacio en face de la
Corse; et peut-être à la suite de quelque différend avec l'Espagne, enlèveraient-ils Mahon à cette puissance. A la piraterie de Barberousse succéderaient des spoliations non moins
révoltantes ordonnées par nos ennemis.

La soif de possession chez quelques Anglais est inextin-
guible, étant ennemis et jaloux de la grandeur et de la prospérité de tous les peuples, mais ennemis en particulier de
la prépondérance de notre souverain et du bonheur de la
nation française.

En 1815, pour nous punir de notre fidélité à un grand
empereur, l'Angleterre, ayant à sa tête lord Castlereagh, nous
a arraché jusqu'à nos paupières pour que la lumière fût

un sujet de douleur pour nous ; et la France serait oublieuse des supplices de Jeanne d'Arc, des souffrances de Napoléon léon Iᵉʳ et de celles de nos malheureux aïeux ! et les Français n'auraient pas assez de bon sens et de dignité pour ne pas marcher comme un seul homme en se ralliant tout autour de leur souverain qui fait tant pour eux, dont le sommeil, de courte durée, est encore agité pour parer, pendant la veille, à tant d'embarras que l'on tend et à sa personne et à la nation, un œil sur la boussole et l'autre sur l'horizon, couvrant tout le territoire de paratonnerres pour conjurer la foudre extérieure !

Du reste, l'Angleterre, prévoyant l'achèvement du percement de l'isthme de Suez, convoite silencieusement la possession de l'Égypte, cette voie qui conduira directement dans l'Inde avec une économie considérable de temps ; mais pour en prendre possession, elle ne pourrait le faire qu'après une guerre, dans laquelle elle espérerait réduire notre marine à néant. Ses chantiers sont, à cette heure, couverts de vaisseaux cuirassés, ses arsenaux regorgent de matières premières, et l'amirauté les trouve insuffisantes. Elle accroît son personnel dont elle quadruple la force par une discipline de fer. Tous ses préparatifs qui se font en plein soleil sont le prélude d'un ouragan maritime qui marchera de pair avec un tremblement volcanique de l'Europe.

Ce cataclysme sera, tôt ou tard, la conséquence des traités de 1815 ; c'est ainsi que l'Angleterre à cette époque, conjointement avec les souverains d'une alliance qu'ils décorèrent du titre de sainte, et sous la protection du Saint-Esprit, posaient les jalons de la désolation future de l'humanité : toutefois il y a une exception à faire en faveur d'Alexandre Iᵉʳ et de l'Espagne. Commencement de désolation dont nous sommes les témoins, et qui arriverait promptement à son paroxysme, si la Providence ne nous avait envoyé deux généreux monarques pour être les soutiens de l'Europe, savoir : Napoléon III, empereur des Français, et Alexandre II, empereur de Russie, lesquels marchent de concert pour protéger le sang de la chrétienté, témoin leur sollicitude pour les infortunés Maronites auxquels on reproche, en Angleterre, de ne pas vouloir appartenir, surtout depuis la guerre d'Égypte, aux sectes de Luther et de Calvin; Napoléon III et Alexandre II, qui gémissent sur les égarements des Polonais qui n'ont pas su comprendre combien tout ce que l'affranchissement des serfs leur promettait de bonheur à venir. Puisse Dieu inspirer des sentiments de clémence à Sa Majesté Alexandre II !

A l'occasion des lieux saints, l'Angleterre a cru à une guerre de religion entre Saint-Pétersbourg et Paris, et, passez-moi l'expression, elle s'en frottait les mains. Mais quand elle a eu la conviction que l'ambassadeur Mentschikoff était le grand huissier politique qui venait, au nom de l'empereur Nicolas, annoncer la déchéance d'Abdul-Medjid-Khan, elle s'est ralliée à l'empereur Napoléon III. La guerre de Crimée a eu lieu, les soldats russes et les soldats français s'étant montrés dignes de leur mutuelle estime, la paix a été conclue ; il en a été de même pour les souverains qui les commandent, lesquels se sont vus à Stuttgard. Depuis, la France et la Russie sont à l'index de la Grande-Bretagne.

Maîtresse de la mer, l'Angleterre ferait à elle seule, conjointement avec les États peut-être désunis d'Amérique, le commerce du monde. Elle ne partagerait avec personne en Europe les richesses de sa colossale industrie, et c'est alors que possédant tout l'or de notre planète, elle s'en servirait à ameuter constamment les nations contre nous.

Elle y arriverait en flattant celle-ci, en achetant celle-là, et en menaçant tout autre qui ne partagerait pas ses vues ; et si l'Espagne, par une sage neutralité, ne voulait être hostile ni à l'empereur ni à la France, la cour de Madrid serait dépouillée peut-être des Philippines et de Cuba, le tout pour détruire l'esclavage, comme dans le but philanthropique de faire jouir les nègres du titre de citoyen anglais.

Mais puisque l'incendie projeté de Toulon, qui n'est point un rêve, si ce n'est pour les nombreux myopes ou les présomptueux, devait être la source de si grands malheurs, je demanderai affectueusement à mes lecteurs l'indulgente permission de leur signaler les moyens de les prévenir; or ces moyens, je crois les avoir trouvés :

1° Dans une digue mobile de fer ou première ligne d'embossage s'étendant transversalement dans le goulet de Toulon, depuis le fort Saint-Louis à l'entrée du creux Saint-Georges ;

2° Une deuxième ligne d'embossage, en forme de fer à cheval, partant d'un point à 150 mètres en dedans de la grosse tour pour venir mourir à 150 mètres en dedans du fortin de l'Aiguillette ;

3° Une digue à perpétuité, qui annulerait les deux premières, ou à poste fixe, c'est-à-dire un rempart monumental que l'on couvrirait d'artillerie, et que Sa Majesté Napoléon III ferait sortir du sein des ondes; elle serait en tout semblable à celle de Cherbourg avec deux passes, l'une au nord, l'autre au sud. Elle partirait du milieu de l'espace situé entre le cap Brun et le fort de la Malgue pour venir mourir à 200 mètres environ en avant du blockhaus en pierre qui termine la muraille crénelée qui tombe perpendiculairement de la base de la croix des signaux en dedans du goulet de Toulon.

4° D'une digue mobile de fer ou première ligne d'embossage en travers
du goulet de Toulon.

Présentement une digue mobile qui s'étendrait à Toulon, depuis le fort Saint-Louis à l'entrée du creux Saint-Georges, serait, à mon avis, un premier moyen de salut touchant les arsenaux de Toulon. En conséquence elle ne ressemblerait ni à celle de Cherbourg qui est en granit, ni à la digue sous-marine de Sébastopol que les Russes immergèrent dans une nuit, quelques jours après le 13 septembre 1854, et construite par cinq vaisseaux ou frégates coulés, dans un moment de précipitation instinctive de salut, avec leurs vivres, leur grément, leur artillerie, leur mâture à l'entrée du port de Catherine ; digue sous-marine tellement bien calculée, qu'elle fut plus heureuse pour Sébastopol que l'embossage des frégates danoises en 1801 contre Nelson, ne le fut pour Copenhague.

Donc, j'aurai l'honneur de proposer respectueusement au gouvernement de l'empereur pour la sûreté de Toulon, en temps de guerre, la formation d'une digue de fer ; c'est-à-dire un assemblage de vieux vaisseaux cuirassés, dont les membres seraient encore assez solides, sans mâtures ni gréement, munis de canons rayés, obusiers du plus fort calibre connu. Ces vaisseaux ne seraient séparés les uns des autres que par l'intervalle de 3 à 4 mètres environ. J'insisterai sur ce mode de contiguïté des vaisseaux entre eux, par des doubles chaînes de vaisseaux à trois ponts, parce qu'il pourrait se faire qu'une première division anglaise de neuf vaisseaux, subdivisée en trois divisions secondaires de trois vaisseaux chacune, dirigées, la première contre le centre de notre ligne d'embossage, et les deux autres contre les extrémités ou les ailes, arrivant avec une vitesse de douze nœuds, ou de quatre lieues ou de seize kilomètres à l'heure, ne voulussent tenter de briser cette ligne d'embossage des vaisseaux français, et mettant les nôtres entre deux feux et les prenant en détail, malgré la canonnade des batteries de terre, ne les détruisissent comme les Anglais le firent à Aboukir.

Mais à l'occasion d'un fer à cheval que j'appellerai, par anticipation, le tribunal de guerre où pourrait se juger le sort des arsenaux de Toulon, je résoudrai à fond cette colossale question.

Le second motif, qui serait en faveur du mode de retenue dont je viens de parler, trouverait encore son application contre la puissance des vents d'est, nord-est, sud-est, renforcés par la houle du large et agissant ainsi sur toute la surface des navires qui présenteraient le travers, circonstance qui ne s'offre pas lorsqu'un bâtiment est mouillé sur ses deux ancres, tenant tête par l'avant et au vent et à la houle surtout, dont la puissance est en harmonie avec celle du vent.

En Angleterre, le commandant Cowper proposerait au conseil de l'amirauté de Londres la construction de 15 navires de 20 canons armures, de force, suivant lui, à tenir tête contre 45 vaisseaux de ligne. Chaque canon est, dit-on, quelque chose de monstrueux. Si l'expérience démontrait que de pareilles pièces d'artillerie soient dignes de toute confiance, deux batteries de 20 pièces chacune seraient bien assises, soit au fort de la Malgue, à la grosse tour comme au fer à cheval, entre Balaguier et l'Aiguillette. Ces canons, sous le rapport du diamètre du projectile, ressembleraientils à ceux qui font l'armement de l'entrée des Dardanelles, sur la côte d'Europe, du château bâti aux pieds des mamelles, vers le commencement du golfe de Smyrne, ou de la citadelle de Lépante, à l'entrée du golfe de Vostiza?

Machines infernales sous-marines du général russe Jacobi, ou sentinelles avancées de la première ligne d'embossage de Toulon.

Toute cette série de bâtiments-citadelles serait encore gardée par des sentinelles avancées sous-marines et infernales à la distance de 500 mètres en avant de la première ligne d'embossage dites machines à la Jacobi, auxquelles on ne songe peut-être pas en France, mais à la perfection desquelles on travaille assurément en Russie, conjointement avec des bateaux-poissons sous-marins qui sont dans ce moment à l'étude à Barcelone.

J'apprends que l'archiduc Léopold doit tenter des expériences à ce sujet sur les côtes de Venise et de Dalmatie.

On m'a assuré, à Malte, qu'une corvette anglaise, devant Cronstadt, ayant touché avec sa quille à une de ces bouées invisibles, ce contact fut suivi d'une explosion telle, que la secousse ressentie par le navire a été assez intense pour renverser de dessus les caissons de l'entre-pont des matelots qui y étaient endormis.

Mais à elle seule, cette ligne d'embossage ou cette digue de fer, hérissée d'artillerie, ne suffirait pas pour en imposer à une escadre anglaise confiée assurément à des officiers choisis et d'un mérite supérieur, à des équipages d'une valeur reconnue.

Quelle serait donc l'organisation à donner à une résistance qui voudrait faire avorter une pareille puissance? Ce serait d'imiter le savoir pratique de cette puissance, en d'autres termes de donner à nos équipages une éducation semblable à celle des équipages anglais, et j'espère arriver à ce résultat dans le cours du chapitre qui va suivre, n'ayant consulté ni livre ni artilleur, mais le bon sens le plus vulgaire qui m'est advenu pendant que j'assistais en 1834 à bord du *Suffren*, à l'exercice du canon dans la batterie basse du vaisseau.

Au nombre des causes des revers de la marine française sous Napoléon Ier, il faut ranger la mauvaise éducation pratique des équipages français dont la bravoure, en dépit de quelques calomniateurs, a été conduite par tant de pilotes inexpérimentés.

L'ancienne éducation militaire des équipages français leur enjoignait de tirer sur les mâtures ennemies. Les Anglais, mieux enseignés, en visant en plein bois, étaient assurés de l'arrivée de leur mitraille dans nos batteries, où elle causait une affreuse destruction qui fut la même à Aboukir, au cap Finistère, à Trafalgar, à Santo-Domingo, etc. Au combat de Navarin (octobre 1827), les bâtiments égyptiens regorgeaient le sang par les dalots (petites ouvertures pratiquées au pied des murailles des batteries pour faciliter l'écoulement à la mer de l'eau qui a servi à laver le bâtiment), tandis qu'à bord des escadres combinées il n'y eut que très-peu de morts et de blessés ; c'est que les Turcs visaient, avec des pièces de calibre différent, sur les mâtures, tandis qu'à bord des flottes réunies, les vaisseaux de l'amiral Codrington surtout, pointaient au-dessus de la ligne de flottaison et dans les batteries basses dites autrefois batteries de trente-six.

Par ce mode de pointage, deux vaisseaux étant à quatre encâblures ou 800 mètres environ, on est sûr que la bordée arrivera presque tout en grand dans la batterie basse et

de plein fouet chez son adversaire, à huit encâblures ou
1,600 mètres et sans le secours d'aucun instrument de
précision; il serait ordonné, du reste, de pointer en plein
bois, même avec des canons rayés. Mais avec des canons non
rayés, et à la distance de douze encâblures, alors même
que la poudre serait non avariée, toutes les munitions, ou
à peu près, seraient perdues. Les boulets tomberaient morts
dans l'eau, c'est-à-dire qu'il n'y aurait pas de ricochet ou
du moins celui-ci serait illusoire contre l'ennemi, soit que
l'on fît feu sur un navire ou sur des batteries alignées le
long d'une côte ; et c'est au tir défectueux des Russes, le
17 octobre 1854, qui pointaient sur la mâture de nos vaisseaux et sur celle de deux vaisseaux anglais, lesquelles
étaient saluées par des boulets de 68 et des obus de 80, qu'il
nous a été permis de compter un si petit nombre de morts
et de blessés, ainsi que j'ai pu m'en convaincre moi-même
en me rendant le soir, après le combat et en compagnie
de mon honorable commandant, le capitaine de vaisseau
Tabuteau, à bord du *Valmy* et du *Henri IV*, pour augmenter
le personnel médical de ces navires, conduite que l'amiral
Lujeol a daigné apprécier à sa juste valeur. J'étais alors
décoré de la Légion d'honneur. Pendant toute l'après-midi,
et muni d'une longue-vue, j'ai pu, à bord du *Dauphin*,
mouillé à la Cacha, être témoin de tout ce qui s'est passé.

C'était pour moi une répétition, sur une plus grande
échelle, du combat de Saint-Jean-d'Ulloa, en face de la
Vera-Cruz, alors que l'amiral Charles Baudin était flanqué
en avant par la frégate *la Gloire*, en arrière par *l'Iphigénie*,
et qu'il portait son pavillon sur *la Néréide*.

Insister sur cette maxime d'autrefois, *tirer dans la mâture*, qui nous fut si peu propice sous Napoléon Ier, nous
conduirait à une nouvelle ruine, dans une guerre contre

l'Angleterre. D'ailleurs, à cette heure, un vaisseau, une frégate n'ont plus leur moyen de locomotion dans les voiles, mais bien dans les entrailles où reposent les machines à vapeur qui donnent la vie aux escadres, ainsi que dans les hélices voisines du gouvernail. Ensuite le feu de la mousqueterie des gaillards et des hunes n'est rien, comparé à celui des batteries.

Je proposerai donc respectueusement au gouvernement de l'empereur Napoléon III, si Sa Majesté le trouvait digne, de rendre un décret qui enjoindrait d'écrire en gros caractère, à tribord et bâbord des murailles de chaque batterie, à bord de nos vaisseaux, la maxime suivante :

Équipages français, vous tirerez en plein bois sur les bâtiments ennemis.

Voici pourquoi : quelque grand que fût le nombre de nos matelots brevetés, sortant du *Montebello* pour la Méditerranée, de *l'Inflexible* ou autres pour l'Océan, il ne le serait jamais assez pour subvenir aux besoins du service en temps de guerre; de sorte que le chargeur, le premier, le deuxième servant et enfin tout l'armement de la pièce étant informé du lieu qu'il conviendrait de viser à quatre comme à huit encâblures (canons rayés), la pièce d'artillerie, en cas de mort ou de blessure grave de son chef, rencontrerait incontinent dans la personne d'un des servants ou du chargeur un remplaçant passable. Je ne crois pas non plus, que le *Cambridge*, l'*Excellent* et le *Foudroyant*, pourraient donner à l'Angleterre un nombre de sujets suffisant pour sa flotte.

1ᵉʳ *exemple.* Dans un duel au pistolet, à trente pas de distance, un combattant qui n'aurait aucune connaissance du tir et à qui l'on dirait, avant qu'il ne se mît en ligne : pointez à la ceinture, serait assuré d'atteindre son adversaire ou dans le bas-ventre, au-dessous de cette ceinture, ou dans la poitrine qui est au-dessus. Mais si on lui disait : visez au cou pour atteindre la tête, malgré la précision de l'arme, le projectile passerait peut-être par-dessus celle-ci, ou du moins égratignerait à peine le cuir chevelu. Si les Russes, à Inkerman, 5 novembre 1854, avaient été imbus de cette théorie relative à la ceinture, nos troupes y auraient été écharpées.

De même, nos équipages en pointant en plein bois, c'est-à-dire dans la batterie du milieu ou deuxième batterie qui représente la ceinture du vaisseau, les boulets ou la mitraille iraient toujours se loger soit dans la batterie basse ou première batterie qui représenterait le bas-ventre d'un homme, soit dans la troisième batterie qui nous offrirait l'image de la poitrine de ce même homme, genre de tir qui ne ménagerait pas non plus la batterie du milieu.

Mais si les canonniers visaient sur la batterie des gaillards, et à la suite d'un roulis en sens inverse à bord de deux vaisseaux, il arriverait souvent que les boulets friseraient les bastingages, c'est-à-dire que le boulet représenterait la balle du pistolet qui aurait caressé les cheveux de l'individu sur le cou duquel on aurait pointé.

2ᵐᵉ *Exemple.* Toute la théorie du braconnier se résume à tirer sur le milieu du corps d'une pièce de gibier, lorsque celle-ci est posée ; s'il manque ce point, les plombs s'introduiront soit dans le bassin de l'oiseau, soit dans sa tête. Mais pendant le vol il pointera à quelques centimètres en avant de la tête pour atteindre celle-ci ou l'envergure de l'animal.

De même, si un vaisseau anglais venait du large avec une vitesse de douze nœuds pour forcer la passe de Toulon, les canonniers français préposés à la garde des deux batteries basses du cap Brun (j'estime toujours le cap Brun organisé comme il devrait l'être et non tel qu'il est présentement) pointeraient à un demi-mètre en avant des pieds de la poulaine pour labourer ledit vaisseau dans cette portion de batterie comprise entre le mât de misaine et le grand mât.

J'ai toujours supposé que ce devait être à l'usage de quelque théorie semblable que les Anglais, sous Napoléon Ier, nous firent essuyer tant de pertes, d'autant plus qu'à cette époque ils n'avaient pas de vaisseaux-écoles pour former des chefs de pièce.

Aujourd'hui, comme autrefois, nos équipages sont pleins d'honneur, ils se regardent entre eux, se demandant pourquoi, en cas de guerre avec l'Angleterre, ils ne feraient pas oublier les revers de leurs aïeux sous Napoléon Ier, pourquoi, comme leurs frères d'armes de l'armée continentale, ils n'auraient pas des droits à l'estime et à la reconnaissance de leur pays, à des arcs de triomphe, ainsi que la France reconnaissante le faisait tantôt à nos régiments retournant de l'armée d'Italie, notre digne souverain à leur tête. Mais pour cela ils réclameraient une éducation militaire simple et facile à comprendre. Nos marins d'aujourd'hui sont de la même pâte que ceux qui combattaient sous l'illustre amiral Duperré à Mayotte, à l'embouchure du Gange ou devant le grand port de l'île de France ; de la même nature que l'équipage de *la Vénus*, sous le vaillant amiral Hamelin, capturant des vaisseaux de la compagnie dans le golfe du Bengale, et se montrant dignement au combat du Grand-Port, amiral dont les descendants sont à la hauteur de la belle réputation de leur aïeul.

Relativement à l'éducation pratique des officiers en général, et concernant toutes les nations du globe, tant pour les armées de mer que pour celles du continent, voici ce

3

que me disait un Anglais de distinction qui, pour le moment, se considérait lui et moi comme cosmopolites :

Mon cher docteur, rappelez-vous qu'une discipline inflexible tue, le jour d'un combat, la jalousie, la désobéissance, même la peur, décuple la force du patriotisme, et forcément amène la victoire du côté de l'armée qui vit sous cette noble législation, tandis que des revers inouïs incomberaient à une armée de terre ou à la flotte dont les capitaines de vaisseaux ou les amiraux refuseraient de voir ou d'entendre des signaux appuyés même par des coups de canon.

Si dans ceci des esprits ombrageux croyaient voir quelque chose d'offensant, je leur répondrais :

Honni soit qui mal y pense.

Pour le salut de la France, dans une guerre contre l'Angleterre, notre marine, il faut s'y attendre, sera à la hauteur de la légitime confiance qu'inspire l'armée continentale. Nos officiers de mer se réuniront en faisceau, véritable base de sustentation sur laquelle reposeront l'honneur, les intérêts et la dignité de la nation. Ce sont là des paroles et des sentiments qui sortirent parfois de la poitrine de l'amiral Charles Baudin, sous lequel j'ai eu l'honneur de servir à bord du *Suffren*, et dont le port, la perte d'un bras, le patriotisme et l'inflexible discipline me rappelaient un chef terrible de l'autre côté de la Manche.

Heureux sur mer, le 21 octobre 1805, Napoléon 1er n'aurait point fait la guerre à l'Espagne dont la fidélité envers nous avait été ébranlée après cette désolante journée ainsi que par le machiavélisme de Londres. La Russie, malgré les instigations du cabinet anglais, aurait été plus sévère touchant le blocus continental, et nous n'aurions pas croisé le fer avec elle. Heureux en 1805, et en débarquant sur les rivages de la Grande-Bretagne, Napoléon Ier y aurait vidé les trésors de celle-ci, il aurait étouffé toutes les coalitions à venir dont l'or anglais était la puissance motrice, et la malédiction aurait été la compagne inséparable de Guillaume Pitt, même dans les siècles à venir. Sous Napoléon Ier, l'Angleterre payait à l'Europe, à l'aide de l'income tax, au taux de 20 livres sterling par homme pour l'infanterie, et 30 livres sterling pour la cavalerie. Les souverains de l'Europe échangeaient ainsi le sang de leurs sujets contre l'or de l'Angleterre. Quel abominable trafic ! Dans une nouvelle guerre contre la France, elle emploierait les mêmes artifices en Allemagne, mais en Prusse surtout, peut-être même réussirait-elle en Autriche en promettant à celle-ci la Lombardie et les duchés italiens.

Voilà une bien longue digression à laquelle j'ai été forcément entraîné.

CHAPITRE IV.

Assistance prêtée à la première ligne d'embossage par les fortifications terrestres.

Toutefois, on ne pourrait se dissimuler que si le sort des arsenaux de Toulon ne devait reposer que sur les moyens de résistance de cette première ligne d'embossage, leur intégrité serait gravement compromise. Pour en assurer la conservation, il conviendrait de quitter la mer et de voir ce qu'il y aurait à faire du côté de la terre ferme.

Par les dispositions majeures que je vais exposer, la flotte anglaise, prise en enfilade de l'avant à l'arrière par la ligne d'embossage de nos vaisseaux cuirassés, foudroyée en écharpe et en flanc par les batteries continentales, l'escadre ennemie, dis-je, cheminerait véritablement vers un grave échec.

Suivant l'art de la guerre moderne, comme dans la conjoncture supposée d'une attaque de Toulon par une flotte, la France ferait bien de renoncer à ses petits fortins de nos pères pour ne créer, sur les points stratégiques essentiels, que des forteresses de premier rang, avec un armement redoutable, dans le but d'opposer une résistance heureuse aux pièces monstrueuses d'échantillon alignées dans les entrailles d'un ouragan représenté par 32 vaisseaux de ligne, 20 bombardes et 20 frégates de la Grande-Bretagne.

Mais où sont ces points stratégiques ? Ils sont en présence sur deux lignes parallèles courant à peu près est et ouest, et un troisième à l'extrémité ouest de ces deux points, savoir : le premier dans le quartier de la Malgue au nord, le second au sud sur la presqu'île de Saint-Mandrier. Le troisième faisant front au large, limité qu'il est à son tour au sud par la tour de Balagnier, au nord par le fortin de l'Aiguillette. C'est dans cette partie enfin qu'on appelle le goulet de Toulon.

4° Du fortin de Sainte-Marguerite, côte nord du goulet de Toulon.

Celui qui en représente la sentinelle avancée est sans contredit le fortin de Sainte-Marguerite dont l'horizon domine à l'est les îles d'Hyères, au sud-ouest, la haute mer ou mer du large. On n'y compte que quelques pièces de canon.

2° Du fort du cap Brun, premier point stratégique de la plus grande valeur, présentement à l'état d'anémie, maladie endémique des fortifications de Toulon.

Si l'on voulait me permettre de jeter un coup d'œil rétrospectif sur Sébastopol et sur M. Totleben, peut-être y rencontrerais-je des enseignements qui n'auraient rien d'illusoire en la sérieuse circonstance actuelle.

L'Asie est la patrie des Totleben. Les habitants de ce continent ont un talent particulier pour construire des fortifications en terre.

Seringapatam, 4 mai 1799, défendu par Tippo-Saeb, roi de Mysore, n'avait que des fortifications en terre, et, comme Constantine en Algérie, elle n'a succombé qu'à un deuxième siége. Les fortifications de Delhy, lors de la dernière insurrection de l'Inde, étaient en terre. Celles des Chinois l'étaient également. Les Russes, qui sont moitié Asiatiques, moitié Européens, et par cela doublement à craindre, avaient élevé des redoutes en terre à la bataille de la Moskowa, dont la victoire, à cause de nos pertes, fut un jour de deuil pour l'empereur Napoléon Ier et pour toute l'armée française.

Kars, qui s'est rendu faute de vivres et que les Russes n'ont jamais pu enlever de vive force, avait des fortifications en terre. Les belles forteresses, sur une étendue de 12 kilomètres, élevées par les annamites dans la plaine de Ki-Hoa, près la ville de Saigon, et enlevées par nos braves des armées de terre et de mer en avril 1861, étaient en terre.

La ville de Silistrie, défendue par des Turcs, assiégée par une armée russe, a tenu tête aux attaques incessantes de celle-ci. Le courage des assaillants a expiré autour des fortifications en terre qui environnaient cette place, et le pavillon du sultan n'a jamais cessé de flotter sur l'*arab tabia*, *tabia* est synonyme de *redoute*; enfin, rongée par la dyssenterie, que Desgenettes regarde comme plus funeste pour les armées que la peste et le scorbut, l'armée de l'empereur Nicolas, accablée à son tour par tant de fléaux, a dû se retirer devant ceux-ci ainsi que devant la ceinture de rempart de la place.

A Sébastopol, on doit aux fortifications en terre dressées par M. Totleben en face de l'armée anglo-française, une résistance dont on ne trouve pas d'exemple dans l'histoire des nations modernes, et puisque ce savant ingénieur a appliqué à la conservation du port créé par Catherine des principes qu'il aurait pu puiser chez les défenseurs de Silistrie, de Seringapatam, pourquoi ne créerait-on pas, aux abords de Toulon, une répétition imposante et des redoutes de Silistrie et de celles de Sébastopol surtout?

Lorsque le cap Brun a été confié aux mains du génie, l'opinion publique a cru à la création d'un nouveau fort la Malgue, mais plus imposant encore que celui-ci, attendu que le fort du cap Brun repose sur une pyramide carrée deux fois plus élevée que le coteau sur lequel est assis le fort la Malgue. Le cap Brun, du côté de la mer seulement, devrait présenter en ligne 100 pièces d'artillerie du plus gros calibre connu, étagées les unes au-dessus des autres comme celles d'un vaisseau de ligne, séparées par des fossés, communiquant par des ponts-levis et s'étendant en amphithéâtre depuis le rivage, où reposent 16 modestes canons, jusqu'au sommet du morne. La première et la deuxième batterie, en partant du rivage, seraient encadrées dans des embrasures en terre pour mettre les canonniers à l'abri des terribles volées des vaisseaux anglais, tandis que la troisième et la quatrième, en forme de batterie barbette, dirigeraient leurs projectiles sur tous les points de l'horizon maritime. Ces batteries, de 25 canons chacune, auraient encore pour auxiliaires 30 mortiers dont on appréciera plus tard l'impérieuse assistance dans l'attaque future de Toulon par une escadre anglaise, ainsi que j'en convaincrai bientôt mes lecteurs à leur grand étonnement.

Ce que l'on ne conçoit pas, c'est qu'ici, comme sur d'autres points, on laisse élever des maisons à 30 et 40 mètres des racines horizontales de la citadelle, c'est-à-dire d'un mince fossé.

Un arbre qui n'aurait que des racines perpendiculaires serait renversé du premier coup de vent. Un fort dépourvu de racines traçantes, c'est-à-dire d'ouvrages avancés s'étendant loin du corps de la place, alors même qu'un fossé profond l'entourerait, pourrait être enlevé, dans une nuit obscure ou en un temps de brume, par un coup de main. A l'ouest, à l'est, au nord, les fossés du cap Brun sont insignifiants; au sud, le fossé n'existe que sur une partie de ce front.

Ensuite, et ceci est un point capital, c'est que telle fortication qui paraîtrait ne rien laisser à désirer pour sa sûreté aujourd'hui, serait regardée demain par un général en chef plus habile comme vulnérable, à moins de créer promptement des travaux avancés en terre, protégés par de profonds fossés en avant desquels seraient créés des chevaux de frise, ainsi que cela a été pratiqué pour la défense de Sébastopol. La sortie de dessous terre de Malakoff a enfanté le petit redan à sa droite, le grand redan à sa gauche, le mamelon Vert à 600 mètres en avant, le bastion central, etc.

Qu'aurait fait M. Totleben si ce terrain avait été peuplé d'habitants? Ce qu'il a fait pour un malheureux village troglodyte dont il a ordonné l'émigration. Mais ce qui a été fait par le général russe à Sébastopol, un maréchal de France, muni de pleins pouvoirs, le ferait-il à Toulon? Ce serait donc pour éviter au gouvernement de l'empereur des embarras sans limites que j'aurai l'honneur de lui proposer respectueusement que les confins des zones fussent reculés, avec défense de bâtir sur ceux-ci, même à la condition par les propriétaires de détruire les maisons en cas de siége.

Grâce à la volonté de l'empereur, l'agrandissement de Castigneau aura une étendue en rapport avec l'importance de Toulon. Mais cet agrandissement aurait pu avoir plusieurs milliers de mètres carrés de plus représentés par la totalité de la rive gauche de la route impériale, à partir de la porte de Paris jusqu'au confluent des chemins d'Ollioules et de la Seyne. Depuis 1840 je n'ai cessé de blâmer l'autorisation de laisser surgir aux portes de Toulon les cloaques qui composent une partie du faubourg du pont de Las. Il en est de même pour la porte d'Italie. Que serait-il advenu si le génie avait voulu s'emparer de ces milliers de mètres carrés? que l'État aurait payé, peut-être à un prix exorbitant, un tas de bien modestes maisons.

Jamais on n'aurait dû laisser bâtir une maison en dedans du pont de la rivière Neuve pour la partie ouest, ni en dedans non plus pour la partie est du point de jonction du chemin de Lavalette avec celui de Lagarde. C'est alors que je me serais hâté de présenter à mon gouvernement un plan très-régulier.

En voici la substance, tant pour la route d'Italie que pour celle de Paris : 1° une voie de 30 mètres de largeur pour le passage des chariots, bordée de chaque côté par un trottoir de 12 mètres à l'usage des piétons avec un alignement de platanes sur les deux rives; 2° pour la partie est de Toulon, c'est-à-dire pour la route d'Italie, on aurait donné pour limites à cette voie et à ses trottoirs, à l'est le confluent de la route de Lavalette et de Lagarde, à l'ouest la porte d'Italie.

Pour la porte de Paris, c'est-à-dire touchant la partie ouest de la ville, les points extrêmes auraient été représentés par la porte de Paris elle-même d'un côté et de l'autre par le pont de la rivière Neuve (torrent). Ce plan eût été une imitation, sur un plus long parcours, du cours Chasel, sur la rive droite du Scorff, qui conduit directement de la chapelle Saint-Crystoph à la porte de Lorient, qui est une des villes les plus jolies, les plus propres et les plus salubres de France, rehaussée qu'elle est par l'aménité de ses habitants et l'abondance de toutes choses nécessaires à la vie.

Cette idée, qui n'est plus réalisable aujourd'hui, eût été accompagnée de la substitution au champ de Mars de ce jour, qui est bon tout au plus pour y faire manœuvrer quelques centaines d'hommes d'infanterie, d'un plateau militaire mieux en rapport avec une grande place de guerre comme Toulon, en plaçant à ce plateau les confins suivants : 1° à l'ouest, la porte d'Italie, celle du Mourillon et la rivière des Amoureux; 2° à l'est, l'espace qui est représenté d'un côté par la route de Lavalette et celle de Lagarde, par la rivière des Amoureux en face, longeant la propriété Reverdit; 3° au nord, la ligne de maisons qui bordent la route de Lavalette en partant de la porte d'Italie au confluent des chemins de Lavalette et de Lagarde ; 4° au sud, la rivière des Amoureux et en complantant, sur la lisière de ses quatre faces, deux rangées de platanes symétriquement alignés dont l'ombrage servirait de toiture aux troupes contre l'ardeur du soleil dans l'intervalle des exercices. Le fini de ces travaux eût été confié à la garnison du fort la Malgue, sous la conduite du génie militaire.

Ainsi, le gouvernement ayant, par un décret inflexible, reculé et les limites des zones et défendu de bâtir sur celles-ci la moindre cabane, on pourrait ne pas renoncer à l'installation de ce champ de Mars.

En me dirigeant dans la ville et tout au voisinage de la préfecture maritime, voici un nouveau signalement digne de fixer l'attention de l'État : 1° faire l'acquisition de trois modestes maison de la rue Saint-Roch, savoir : n°⁵ 35, 33, 31, les démolir, et sur cet emplacement créer deux beaux bâtiments à quatre étages pour en faire la distribution que voici :

1° L'amiral commandant en chef l'escadre de la Méditerranée pendant toute la durée de cette dignité. Cette place étant plus amovible que celles dont je vais faire l'énumération, et la position de cet officier général le mettant à même d'admettre à sa table, ou dans des soirées, des amiraux ou capitaines de vaisseaux étrangers, l'arsenal de la marine fournirait, à titre d'usufruit, un ameublement digne d'une pareille représentation.

2° Le commissaire général ; 3° le major général ; 4° le directeur du service de santé de la marine ; 5° le directeur des constructions navales ; 6° le directeur de l'artillerie ; 7° le capitaine de vaisseau commandant le port ; 8° le colonel d'infanterie de marine. En cas d'insuffisance pour loger ces hauts fonctionnaires, le département de la marine achèterait les maisons nos 1 et 3 de ladite rue Saint-Roch, en face d'une fontaine, en leur faisant subir la même métamorphose.

Ainsi le préfet du plus grand port de guerre de la Méditerranée aurait, tout auprès de lui, les premières sommités qui appartiendraient à son département.

Dans cette répartition de faveurs, que je considère comme nécessaires, l'armée continentale ne serait pas oubliée.

En conséquence, un grand corps d'armée, rassemblé à Toulon ou dans ses environs, pouvant nécessiter la présence d'un maréchal de France, ne conviendrait-il pas d'accorder à un pareil pouvoir une position en rapport avec ses fonctions? Pourquoi ne lui appliquerait-on pas, ainsi qu'à ses premiers lieutenants, ce que nous aurions demandé pour la préfecture maritime? Pourquoi cet emplacement, désigné sous le nom d'arsenal de terre, changerait-il de maître? On aurait donc en ce lieu trois corps de logis : le premier, dans le centre, consacré à la résidence du maréchal et de son lieutenant général. Les pavillons latéraux, pour la haute intendance de l'armée, la caisse de l'armée, les généraux et les colonels qui y auraient droit par rang d'ancienneté sans distinction d'armes.

Il y aurait aussi, tout au voisinage de la caserne du Jeu de Paume, au commencement de la rue Royale, des maisons de modeste apparence, savoir : nos 2, 4, 6 et 8, dont le ministère de la guerre ferait l'achat pour les démolir, et leur substituer trois maisons à quatre étages en les distribuant de manière à y rassembler le plus grand nombre d'officiers supérieurs. La porte de chaque chambre serait revêtue d'une tablette avec le nom de l'officier et le numéro de son régiment, ainsi que cela se pratique à bord de plu-

sieurs vaisseaux de la Grande-Bretagne. Les officiers con-
sidérés comme étant campagne, c'est-à-dire au bivouac,
toute idée de luxe serait bannie de leur domicile. Entre la
somptuosité des officiers de l'armée anglaise et les Spar-
tiates de l'Allemagne, on établirait un juste milieu approuvé
par tout le monde.

Pour les soldats, on élèverait de belles casernes symétriquement alignées dans le grand camp retranché, et comme
celles qui ont été dernièrement bâties à Paris sont recon-
nues comme réunissant tout ce qu'on pourrait désirer de
bien, on prendrait exemple sur celles-ci.

Il résulterait de l'analyse de cette digression que le projet
touchant les voies pour les chariots ainsi que les trottoirs
pour les piétons ne pourrait être accueilli, vu le grand nombre de maisons qui peuplent les deux rives de la route
d'Italie ainsi que celle de Paris, mais que le plan relatif à
un nouveau grand champ de Mars, comme celui qui a trait
au logement des premières autorités militaires de Toulon,
ne saurait être abandonné par le gouvernement.

Mais revenant au prix des immeubles, il y a des gens,
comme je l'ai souvent entendu dire, qui vous répondraient
que l'État est riche. Bien ; mais de ce qu'un homme aurait
de la fortune, serait-ce un motif pour vouloir lui faire
payer, par exemple, 20 centimes ce qui ne vaudrait que
5 centimes? Ensuite, de même que les petits ruisseaux font
les grandes rivières, de même des saignées multipliées
faites à un riche cours d'eau finiraient par le mettre à sec.
Nous repousserions, de toutes nos forces, l'application en
France de cet horrible impôt appelé *income-taxe*, et nous
ne craindrions pas de nous substituer à Guillaume Pitt en
l'appliquant au gouvernement, quand nous lui céderions
un cloaque, une vieille maison de campagne entourée de

tourelles, quelques morceaux de landes, ou quelques mètres de marais, ou d'un coteau pierreux, et ce en disant :
Cet homme à qui nous vendons a de grands revenus.
Jouissons ; après nous le déluge. Oui, c'est ainsi, ou à peu
près, que les courtisanes de haute futaie, sous Louis XIV,
que la cour sous Louis XV parlaient. Qu'est-il advenu sous
le vertueux Louis XVI (Sa Majesté Napoléon III, dans sa
grandeur, ne s'oppose point à ce qu'on rende hommage à ce
souverain, si bien conseillé d'abord, puisqu'il admettait
les principes de 89, si mal conseillé ensuite)? Nous le
savons tous, le déluge est arrivé, mais un déluge de sang
pour payer les dettes d'une génération éteinte.....

Donc, si les marchands de bois de construction, de
houille, de fer, de chevaux, de soufre, de nitrate de po-
tasse, de plomb, etc., si les propriétaires de navires de
commerce, touchant le fret de ceux-ci, tenaient le même
langage, savez-vous ce qu'il arriverait? Je vais vous le
dire.

D'abord les citoyens ne combattraient pas de vertus
entre eux, mais ce qu'on pourrait leur pronostiquer, ce
serait la ruine de l'homme riche en question, et quand cet
homme aux bras musculeux serait ruiné, il aurait le droit
d'appliquer à tous les vendeurs ou à leurs enfants l'*income-
taxe*, non pour les ruiner, parce qu'il serait plus généreux
qu'on ne le mériterait, mais pour reprendre son bien où
il le trouverait, l'eût on caché au fond d'un puits. Mais si, à
la suite d'un malheur inouï, cet homme aussi généreux
qu'il est musculeux leur manquait, le peuple se jetterait
peut-être indistinctement sur tout ce qui lui paraîtrait bien
vêtu, ne faisant aucune différence entre celui qui devrait
son modeste bien-être à des économies péniblement mais
dignement accumulées, ou à un commerce honnête, d'avec

des détenteurs de fortunes sorties de dessous terre, ou d'une succession maternelle ou paternelle accaparée clandestinement, par une captation lâche et infâme vis-à-vis du possesseur au détriment de ses collatéraux, et qui auraient éclaboussé ce même peuple ou ses frères et sœurs, soit avec les chevaux, les roues de leur voiture, le faste de leurs vêtements et de leurs ameublements. Tout ce que je dis ici n'a nullement pour but d'armer les citoyens les uns contre les autres, mais d'arracher le bandeau à ceux qui ne voudraient pas voir, qui demanderaient à jouir à tout prix.

Mais revenons aux fortifications. Un ingénieur d'un grand mérite, M. Totleben, par exemple, qui n'aurait pas perdu souvenance de Malakoff, du grand Redan, etc., et qui aurait visité les citadelles de Gibraltar, de Malte et de Corfou, avouerait sincèrement à Sa Majesté Napoléon III que, à part le fort la Malgue, qui laisserait encore à désirer, toutes les forteresses du goulet et de la rade de Toulon n'offriraient qu'une résistance insignifiante à une flotte anglaise qui passerait outre pour remémorer à la France les sinistres de 1793.

En conséquence, le fort du cap Brun, constitué sur un nouveau pied, en imposerait à la fois à une armée ennemie qui viendrait par la route du Pradet, et à une escadre anglaise qui tenterait de forcer le première ligne d'embossage dont il a été parlé.

A ce titre de double défense, le fort du cap Brun demanderait de profondes et pressantes réflexions et la haute protection de Sa Majesté Napoléon III.

La prise du cap Brun par l'ennemi, qu'il couvrirait immédiatement de pièces de siége, ce qui serait bien facile aujourd'hui, réduirait à néant le fort la Malgue qu'il domine, et alors les deux grandes clefs de l'est de Toulon seraient perdues. Que ferait-on? On se désolerait sans doute de ne pas avoir prévu le cas. Triste consolation pour la population et pour l'État. On demanderait une capitulation, et l'étranger, en nous faisant passer sous les fourches caudines, n'aurait pas même pour nous la sympathie qu'on a pour le courage malheureux, à cause de notre insouciance ou de notre cécité.

5° Du fort la Malgue, deuxième point stratégique de haute importance.

Le fort la Malgue a, du côté de la terre ferme, un front qu'un nouveau cavalier en terre, avec force canons rayés, rendrait encore plus sévère. pour châtier un ennemi venant de Lavalette; et de même que le fort du cap Brun devrait être le vigoureux tuteur du fort la Malgue, de même celui-ci aurait sous sa protection les citadelles dites forts d'Artigues et de Sainte-Catherine. Un autre front du côté de la mer, et lorsqu'on vient du large, a plus d'éclat que de vigueur; car il devrait être effrayant pour servir comme puissant auxiliaire à notre première ligne d'embossage. Dans l'armée continentale on se fait difficilement une idée juste de la puissance terrible et de la mobilité que possède aujourd'hui l'artillerie des vaisseaux de ligne, des frégates cuirassées, et surtout des batteries flottantes.

Pour cela il aurait besoin d'être renforcé de deux grands redans en terre, l'un à l'ouest, le second à l'est, on ne peut pas songer à celui de la partie ouest dont l'emplacement est encombré par beaucoup de maisons bâties depuis peu d'années, mais puisque cet obstacle n'a pas lieu dans la partie est, ce serait dans cette aire de vent qu'il conviendrait de faire surgir un redan.

Le terrain qui se dessine, du rivage maritime aux murailles sur lesquelles sont des embrasures en pierre, s'élève
en amphithéâtre moins abrupte qu'au cap Brun ; des batteries en terre, superposées les unes au-dessus des autres,
communiquant entre elles par des ponts-levis, trouveront
ici la même application. La prudence enjoindrait d'y travailler maintenant que la France est en paix avec l'Angleterre ; ce que l'on fait à la hâte et lorsque le canon gronde
est souvent défectueux et toujours plus coûteux.

Aussi les lumières de M. Totleben, sa théorie asiatique
sur les fortifications sont-elles mises en pratique en Allemagne et surtout en Angleterre qui, comme nous, n'a pas
éprouvé impunément la résistance de Sébastopol.

Toute l'étendue entre le rivage et les embrasures en
pierre, qu'à travers la muraille relevée de la partie ouest
j'ai pu voir, n'est que très-imparfaitement nivelée pour
l'établissement des batteries futures. Ce mur relevé a tout
au plus 3 ou 4 mètres de hauteur, et cette mince chemise
n'a pas même de fossé ; il est longé par un sentier de
3 mètres de largeur, lequel a à son tour, pour voisin im-
médiat, des maisons dont la multiplicité a le droit d'éton-
ner. Quelle infériorité frappante avec les fortifications de
Sébastopol, dégagées de voisins compromettants, que je
n'ai cessé de visiter, seul, pendant plusieurs jours !

Qu'on veuille donc bien me permettre d'admettre les cas
suivants :

1° Le fort la Malgue, énergiquement consolidé sur trois
de ses faces, est, nord et sud , surtout en face du goulet.

2° Un vaste redan établi à l'est de celui-ci ayant ainsi
à eux deux et en batterie trois cents pièces de canons rayés
du plus fort échantillon connu, des poudrières, des parcs

de boulets, des casemates tels qu'on les construit dans ce moment à Plymouth et à Portsmouth, c'est-à-dire sur une vaste échelle.

3° Le cap Brun organisé de manière à être le vigoureux tuteur du fort la Malgue et par conséquent plus redoutable que lui, enfin le tout achevé, une large voie de communication ne devrait-elle pas s'ouvrir pour relier entre elles les trois forteresses, cap Brun, grand Redan du fort la Malgue et le fort de la Malgue lui-même, les trois cerbères du goulet de Toulon.

∗∗∗

CHAPITRE V.

D'une voie d'un kilomètre de largeur, de quatre kilomètres de longueur longeant la mer, avec fossé de vingt-cinq mètres sur les deux rives, reliant entre eux le cap Brun, le fort la Malgue et son redan.

Pour arriver à cette bonne fin, une voie d'un kilomètre de largeur et d'une longueur de 4 kilomètres environ, se prolongerait des pieds du fort la Malgue et de son redan à la base du cap Brun. Cette route longerait la côte qui présente quelques légères inflexions, ou plutôt une ligne courbe dont la concavité regarde la mer. Elle ne prendrait aucune propriété en écharpe, à part peut-être une petite habitation perchée sur un tertre, à une faible portée du cap Brun. Ces immeubles ne céderaient donc que des zones prises sur leur frontière du côté de la mer; ce chemin serait bordé dans toute sa longueur, à droite et à gauche, d'un fossé. Ces fossés auraient une profondeur de 25 mètres; avec la terre provenant des fossés on élèverait un remblai du côté de la terre ferme; du côté de la mer ce remblai servirait pour y élever des batteries rasantes dont le feu se croiserait avec celui des batteries de la presqu'île de Saint-Mandrier. Cette batterie, avec un armement de deux cents pièces de canon, dont le cap Brun et le fort la Malgue constitueraient les majestueux cavaliers, vue du côté de la haute mer, par son étendue et sa force, ne le céderait en rien à celle que les Anglais ont établie depuis le centre de la presqu'île de Gibraltar, faisant face à la baie d'Algésiras, jusqu'au phare qui éclaire l'entrée de la Méditerranée quand on vient de l'Océan; et si les événements de 1815 ne s'y étaient opposés, j'aurais servi mon pays comme officier militaire et mes économies de chaque campagne eussent été dépensées en voyages, en Angleterre surtout, pour soumettre, à mon retour et à mon gouvernement, tout ce qui se serait présenté de grand chez l'étranger. Ma conduite, vis-à-vis de la France, eût été celle de tant d'Anglais vis-à-vis de la Grande-Bretagne, patriotisme britannique devant lequel je me découvre et auquel nous sommes malheureusement inférieurs, infériorité à laquelle nous devons le peu de cas dont nous accable la nation anglaise.

On créerait de beaux blockhaus en terre de 25 mètres de hauteur avec trois faces dont l'une au sud, vis-à-vis la mer, les deux autres à l'est et à l'ouest. Ces deux dernières faces seraient munies de caronades chargées à mitraille (canons courts de marine et à large gueule qui forment

l'armement des batteries des gaillards à bord des vaisseaux)
balayeraient les fossés en cas d'attaque. Les blockhaus,
ainsi échelonnés à la distance de 500 mètres, à cause de la
faible portée des pièces, tant sur la rive de la mer que sur
celle de la terre ferme, seraient autant de sentinelles pro-
tectrices des fossés du côté de la terre ferme. Ce remblai
ou rempart et son fossé s'opposeraient à ce que, par un
temps de brume, l'ennemi arrivant du Pradel ne parvînt à
tourner, à surprendre et enclouer la grosse artillerie qui
borderait la rive de la mer. Cette belle et utile voie serait
sous la protection du front ouest du fort du cap Brun.

Par là des mutations de garnison, des chariots portant
des munitions de bouche et de guerre se déroberaient aux
regards de l'escadre anglaise combattant la première ligne
d'embossage. En outre, cette voie, d'un kilomètre de largeur sur une longueur de 4 kilomètres, servirait de champ
de bataille pour l'exercice de l'infanterie, de place d'armes,
de batterie rasante et enfin de camp retranché.

Comme moyen hygiénique, considération qui n'est pas
d'une importance moindre, les garnisons des trois forteresses précitées viendraient dans la journée, y respirer l'air
si salubre de la mer. Faute d'espace, pour se promener, les
Russes ont eu à déplorer des pertes énormes occasionnées
par le typhus au grand Redan, à Malakoff, au petit Redan.
Je tiens ces renseignements d'un jeune et bienveillant officier polonais que nous avions comme passager prisonnier
à bord d'un grand navire dont j'étais le chirurgien-
major.

Une idée, à la fois d'humanité, d'une majestueuse stra-
tégie, se révélerait ici comme dans les autres parties de la
France dont l'empereur est le soutien honoré et chéri, malgré
des ingrats ou des calomniateurs qui lui doivent la vie, la

conservation de leur bien, la sécurité et la prospérité dont ils jouissent.

Ainsi, de même que les troupes travaillent en Afrique, de même on les occuperait, moyennant un juste salaire, soit dans les forts, soit pour la construction de ce chemin dont le chef de l'État daignerait apprécier l'importance. Nos soldats se servaient de la pioche contre les Russes en attendant le moment de l'assaut. Pourquoi leur répugnerait-il, en France, d'utiliser leur force à ce qui aurait trait à la conservation d'une place dans les arsenaux de laquelle sont enfermés des milliards en fait de matériel naval.

Les rôles changent dans le cours de la vie soit touchant un simple citoyen, soit encore relativement aux nations. Tel souverain qui est allé hier au secours d'un ami injustement attaqué, pourrait bien demain être battu en brèche par quelque voisin ennemi du repos du genre humain. Ceci s'appliquerait-il un jour à certains hommes en Angleterre, jaloux et de la renommée de l'empereur Napoléon III et de la tranquillité du peuple français. Puisse l'avenir ne pas être témoin de la réalisation de nos craintes.

Enfin cette occupation serait hygiénique pour les régiments, et S. M. Napoléon III y trouverait une économie dignement entendue et les hommes leur santé.

Le ministère de la guerre fournirait les chariots et les chevaux inoccupés de l'artillerie, le département de la marine, les brouettes, les pioches, les pics, les couffins. Ce matériel serait placé sous la responsabilité des sergents et sous la surveillance des capitaines institués à cet effet jusqu'à l'achèvement de ces travaux, et notre souverain n'aurait eu qu'à se louer de s'être adressé à sa noble et fidèle armée.

3° De la Grosse Tour et de son redan, prolongement et dernier point
du quartier de la Malgue.

Ainsi désignée par hyperbole, la Grosse-Tour ne mériterait ce nom qu'à la condition d'être convertie en une citadelle pareille au fort de l'île Pelée du port de Cherbourg.
Outre que cette conversion serait défectueuse, le génie ré-
pudiant les constructions en pierres de taille, elle revien-
drait fort cher à l'État. Un meilleur et plus solide usage
de cette somme offrirait bien d'autres garanties.

La Grosse-Tour est dominée par une élévation en terre
qui offrirait sa protection et à l'arsenal du Mourillon en arrière d'elle et à cette étendue de la rade comprise entre
la Grosse-Tour, le fort de l'Aiguillette, la tour de Balagnier
et l'entrée du creux Saint-Georges.

Le morne qui surplombe la Grosse-Tour est borné du
côté du goulet par la mer, du côté de la rade par la mer
aussi, à l'est et du côté de la terre par une mauvais ruisseau comblé aujourd'hui et appelé jadis l'embouchure de la
rivière des Amoureux.

C'est dans ce triangle, dont la base est à la mer, que
j'aurai l'honneur d'appeler respectueusement l'attention du
gouvernement pour la construction d'une véritable tour
Malakoff ou d'une position pareille à celle du grand redan
de Sébastopol. Le moment pourrait advenir un jour où
l'ennemi aurait à compter avec cette tour de nouvelle organisation conjointement avec d'autres points culminants
que je citerai bientôt.

Ici se termine l'examen du quartier de la Malgue depuis
le fortin de Sainte-Marguerite jusqu'à la Grosse-Tour.

CHAPITRE VI.

Avant-propos sur la presqu'île de Saint-Mandrier.

Les voyages au long cours et de circumnavigation amènent la découverte d'archipels inconnus utiles à la pêche, au commerce, à l'industrie, à l'agriculture. Quant à moi, simple caboteur, sans boussole, sans compas, mû par les aspirations du patriotisme, j'ai trouvé, sur mon chemin, deux havres à l'état latent qui n'attendraient que la main heureuse et créatrice de Sa Majesté Napoléon III, pour concourir, avec l'agrandissement de Castigneau, à faire de Toulon le premier port de guerre de la Méditerranée. Ce serait enfin deux satellites dignes, par leur utilité patente, de la création du grand port désigné sous le nom de Castigneau, que Sa Majesté a décrété naguère.

Ces deux bassins n'auraient à craindre ni le vent, ni la mer, ni les ras de marée, ni les ensablements.

Il ne leur faudrait aucun auxiliaire tels que brise-lames, jetées, écluses.

1° Le bassin, désigné sous le nom de bassin de Sa Majesté l'empereur Napoléon III, se creuserait avec d'autant plus de facilité que son emplacement n'est occupé que par de la terre végétale; il serait bordé à droite et à gauche par des coteaux que l'on diviserait en autant de plateaux symétriquement alignés qu'il plairait à Sa Majesté d'ordonner. En temps de guerre avec l'Angleterre, et après l'organisation du camp dit des Sablettes, les troupes y dresseraient leurs tentes, mais sur un emplacement autre que celui qui avait été désigné par Sa Majesté Napoléon Ier, et ce, pour soustraire les hommes à des dangers imminents qui n'existaient pas jadis.

2° Le bassin du creux Saint-Georges, en partant d'une maison convertie en une bien modeste chapelle, pour aller vers le sud, n'est entouré que par de la terre végétale. Mais les rives qui, de cette même chapelle, s'étendraient au nord, mériteraient une bien légère obstination vu qu'elles sont argileuses, combinées avec des veines schisteuses d'une densité incapable de demander l'assistance de la mine. Lui aussi, à son tour, serait la grande artère nourricière des garnisons de l'est et du centre de la presqu'île ainsi que de l'armée atteinte par le typhus.

Et de même que les siéges de Silistrie, de Kars et de Sébastopol viennent de montrer, jusqu'à l'évidence, que les travaux avancés en terre sont autant de moyens de résistance et même de salut pour les places fortes, de même, un jour viendra, dans un moment inattendu, où les arsenaux maritimes de la France ne trouveront de sécurité, en temps de guerre avec l'Angleterre, que dans de puissantes jetées. Celles de Cherbourg dans la Manche, d'Alger dans la Méditerranée, convieraient, peut-être, à proposer avec le plus grand respect au gouvernement de Sa Majesté, la création d'une jetée dans le goulet de Toulon, dont voici les signalements ou limites.

Savoir : pour la partie nord du goulet, un point intermédiaire entre le cap Brun et le fort la Malgue correspondant à un point diamétralement opposé à 200 mètres en avant vers le sud-est de la chute à la mer de la muraille crénelée de la presqu'île de Saint-Mandrier.

Par ce moyen, la digue étant bien en dedans du cap Sépet, elle serait à l'abri de la mer du sud-ouest ou du large qui vient de plus de 200 lieues et n'aurait contre elle que la mer d'est et du nord-est qui, à 5 lieues de distance, est brisée par les îles d'Hyères.

1° De la presqu'île de Saint-Mandrier au sud comme annexe aux fortifications du quartier de la Malgue, et de son utilité incontestable contre une invasion du typhus des armées survenue à bord d'une escadre française ou alliée chargée de troupes.

Depuis l'expédition d'Égypte, la presqu'île de Saint-Mandrier avait fixé l'attention de l'empereur Napoléon Ier et comme point militaire et comme lieu d'isolement hygiénique.

Ainsi que je vais avoir l'honneur de le soumettre à mes lecteurs, la possession de la presque totalité de la presqu'île de Saint-Mandrier par l'État ne serait qu'un complément des travaux dont Sa Majesté Napoléon III a ordonné l'exécution à Toulon. Aussi l'établissement de hameaux, villages, étant compromettant non-seulement pour la presqu'île, mais encore pour l'isolement d'une armée en proie au typhus, j'aurai l'honneur de proposer respectueusement au gouvernement de l'empereur pour qu'il fût décrété que présentement il serait défendu d'élever ou d'élargir les maisons, d'en construire de nouvelles, non-seulement dans tout le rayon du creux Saint-Georges, mais encore dans toute l'étendue de la presqu'île depuis la base de la Croix des Signaux à l'est, jusqu'à 2 kilomètres dans le nord-ouest de la pointe des Sablettes qui touche au continent. Ainsi, l'État payerait à un prix raisonnable des immeubles qu'il

lui importe de modifier et en posséder le terrain comme
cause d'utilité publique d'autant plus grande, qu'elle con-
cerne la sûreté de l'importante place de Toulon.

2° Comme lieu non moins sérieux d'isolement hygiénique pour une armée
envahie par le typhus, et mettant ainsi à l'abri d'une épidémie terrible Toulon
et les villages circonvoisins.

Comme point stratégique, disait Napoléon Ier, des forteresses de premier rang communiquant entre elles seraient
mieux assises sur la côte dite de la Malgue à cause de la facilité avec laquelle ces dernières seraient approvisionnées,
facilités qui feraient défaut, dans un moment suprême, sur
la presqu'île, attendu que les secours seraient obligés de
traverser la mer. Secondement, les Anglais, maîtres d'une
grande citadelle sur la presqu'île, s'en serviraient pour
faire le siége d'une portion de la rade et du goulet de
Toulon.

On ne devrait pas en inférer pour cela que le département de la guerre doive laisser cette position sans défense.
Sans entrer sur les détails des travaux qui y ont été faits
ou qui y seraient en cours d'exécution, l'on peut dire que
les points culminants de cette langue de terre sont à ses
deux extrémités : 1° à l'est, du côté de la haute mer, la
Croix des Signaux ; 2° du côté du continent, au nord-ouest,
une plage dite des Sablettes

De la Croix des Signaux ou clef de l'est de la presqu'île de Saint-Mandrier.

Par la disposition de la muraille crénelée, qui tombe
perpendiculairement en dedans d'un des côtés du sommet
fortifié de la Croix des Signaux sur la rive du goulet, l'on
est tenté de supposer que l'ingénieur qui a présidé à ces

travaux a considéré la presqu'île comme étant au pouvoir d'un ennemi venant du côté des Sablettes qui, en forçant les Français de se replier, après une rencontre malheureuse, leur permettrait de trouver dans les fortifications de la Croix des Signaux un lieu de refuge que les troupes hostiles seraient contraintes d'assiéger, que par la résistance de ce point on donnerait ainsi le temps à des renforts français venant des Sablettes de mettre l'ennemi entre deux feux.

Cette ligne perpendiculaire vient mourir au bord de la mer où sont des batteries rasantes, à 300 mètres environ de l'hôpital Saint-Mandrier.

Le feu de ces batteries se croiserait avec celui du fort la Malgue, de son redan à l'est, ainsi qu'avec ceux qui, de ce dernier point, viendraient expirer aux pieds du fort du cap Brun.

Cependant, l'artillerie qui servirait à la défense de ces deux rives opposées diamétralement aurait le même calibre et non la même portée, et voici pourquoi.

Du côté de Saint-Mandrier les canons seraient courts, à large gueule, mais non rayés, pour que leurs projectiles ne pussent arriver que vers le milieu du goulet, afin que si l'ennemi s'en rendait le maître, même momentanément, ces mêmes canons ne pussent servir à cet ennemi pour battre les batteries du littorale la Malgue ainsi que la grande rade.

Du côté de la Malgue, au contraire, les canons seraient longs, rayés, c'est-à-dire à grande portée, afin de foudroyer les batteries rasantes du littoral de Saint-Mandrier au pouvoir de l'étranger, ainsi que l'escadre anglaise en travers du goulet de Toulon.

Des Sablettes ou clef du nord ouest de la presqu'île de Saint-Mandrier.

Les Sablettes ou langue de sable sise au nord-ouest de la presqu'île de Saint-Mandrier, au sud-ouest de la rade de Toulon, crée des communications entre la presqu'île et le continent ; c'est la seconde clef et en même temps la plus accessible de la presqu'île. Dans la crainte d'un débarquement des Anglais, surtout depuis que ceux-ci occupaient Mahon, Napoléon Ier y avait établi un camp formé avec des équipages de haut bord, mais qui ne pourrait plus aujourd'hui y être renouvelé sans un péril imminent que je signalerai bientôt à l'occasion du fort Saint-Elme et du havre Napoléon III.

Pour rendre ce débarquement plus difficile, Sa Majesté Napoléon III y a fait élever le fort Saint-Elme. Avec cette assistance, le front sud de Balagnier, mis sur un pied plus imposant, la ligne sud-est du fort Caire, dit de Napoléon Ier, converti lui-même en forteresse de premier rang, ce côté vulnérable, dit des Sablettes, en imposerait alors seulement aux Anglais. Je reviendrai bientôt sur cette question, qui demande un examen bien sérieux.

CHAPITRE VII.

Du typhus à bord d'une escadre française ou alliée chargée de troupes, mouillée en rade de Toulon.

Le typhus étant un des fléaux de la guerre, non-seulement pour les armées qui sont en campagne, pour les hôpitaux, les casernes, les prisons, les vaisseaux, mais encore pour les villes assiégées, et l'encombrement étant un aliment incessant pour cet empoisonnement miasmatique et contagieux, le moyen le plus sûr de l'arrêter dans sa marche est de l'isoler. Que de villes, pour n'avoir pu le séquestrer, ont été et seraient encore à l'avenir les victimes de cet épouvantable destructeur. A Silistrie, à Kars il a dévoré également les Turcs et les Russes. En Crimée il a porté ses coups en dedans comme en dehors de ses formidables barrières appelées Malakoff, Redan, bastion; il comptait, sous Napoléon Ier, autant d'étapes qu'il y avait de places fortes depuis Moscou jusqu'à Mayence. Que de précautions et de sacrifices pécuniers le souverain d'un grand État n'aurait-il pas à prendre contre un pareil adversaire. Les mesures ordonnées par l'empereur en faisant visiter par un médecin proposé à cet effet (l'honorable docteur Villers, médecin principal de la marine, en retraite) les vaisseaux chargés de troupes retournant de l'armée de Crimée et d'Italie, avaient pour motif sérieux et tutélaire de mettre la ville de Toulon en garde contre un hôte pareil.

Mais si le typhus s'était déclaré sur un ou plusieurs vaisseaux ayant chacun 1,500 ou 2,000 hommes de troupes, plus 7 à 800 marins, quelle conduite aurait-on tenue? Eût-il été convenable de garder en rade ces vaisseaux avec un pareil encombrement? Non, puisque c'était condamner cette fourmillière d'honorables serviteurs à une mort certaine. Convenait-il de les débarquer dans les hôpitaux de Toulon? mais alors c'était tout une ville et les villages environnants que l'on allait infester. Où fallait-il donc déposer tant de braves soldats? A l'île de Porquerolle ou sur la presqu'île de Saint-Mandrier.

Je rejetterai le choix de l'île de Porquerolle pour deux motifs qui sont également plausibles : 1° parce que cette île est distante de Toulon de 5 lieues, ce qui multiplierait les frais de transport ; 2° par le retard que la violence du vent de nord-est ferait éprouver au secours que l'on y enverrait.

Je me rabattrai donc sur la presqu'île de Saint-Mandrier, sur ce lieu d'isolement hygiénique, ainsi désigné dans la pensée de Napoléon Ier, qui n'est qu'à deux portées de canon de Toulon, où sont renfermés, dans des magasins, des munitions de bouche, des secours de toute nature, et enfin, un personnel médical nombreux de mer et de terre guidé que serait celui-ci par les lumières des deux célébrités chirurgicales du département du Var, savoir : M. Jules Roux, premier, et M. Arlo, second chirurgien en chef de la marine, ainsi que par tout le conseil de santé de ce port, qui serait à la hauteur de la gravité d'une épidémie.

Malgré son apparence monumentale, l'hôpital de Saint-

Mandrier est bien petit quand on le voit de près, aussi n'en a-t-on retiré qu'un médiocre avantage. Avec les pierres de taille et les bâtisses inutiles, telles que les arcades, les galeries qui ceignent latéralement et dans toute leur longueur, les trois pavillons, on élèverait un hôpital qui renfermerait presque autant de blessés ou de fiévreux que l'hôpital de ce jour. Celui-ci peut contenir 800 malades environ, à l'aide des barraques construites pour y recevoir les blessés de l'armée d'Italie et de Crimée, le nombre des admissibles s'élevait à 1,400 ; mais les constructeurs objecteraient, à mes justes et sévères reproches, que les galeries ont été faites pour servir de promenade aux malades. Si tel a été le but de l'ingénieur, il a été malheureux dans ses bonnes intentions, les malades préférant respirer l'air de la cour, qui est saturé d'oxygène, que l'air des galeries sur lesquelles les fenêtres ouvertes des salles vomissent l'acide carbonique, le gaz hydrogène sulfureux, ainsi que l'ammoniaque qui s'exhale des lieux d'aisances. En somme, tel qu'il est, l'hôpital de Saint-Mandrier, ainsi que le terrain qui l'environne, ne sauraient donner l'hospitalité aux typhiques provenant de plusieurs vaisseaux encombrés. L'humanité, le devoir, la reconnaissance envers l'armée doivent se trouver à la hauteur d'une conjoncture aussi grave.

Telle qu'elle est, la presqu'île de Saint-Mandrier ne nous offrirait pas une de ces positions providentielles comme Dieu en a tant données à Toulon et qu'on a laissé obstruer. Il conviendrait donc d'étudier par quelle voie on arriverait à un fini désirable.

CHAPITRE VIII.

De la crique Saint-Georges, ou grande artère nourricière des garnisons de l'est et du centre de la presqu'île de Saint-Mandrier et de l'armée atteinte par le typhus.

La crique Saint-Georges est ouverte au vent du nord seulement, mais celui-ci ne règne pas vingt-quatre heures d'une même haleine et celle-ci encore ne se renouvelle pas sept fois dans le courant d'une année. C'est là, dans cette future grande artère, qu'à l'avenir des transports chargés de troupes malades devront mouiller pour y déposer les régiments. Ce sera un nouvel hôpital-lazaret sur une échelle telle que la Méditerranée n'en comptera pas de pareil; il sera en harmonie avec l'importance colossale que Toulon ne cessera de prendre; il sera grandiose comme tout ce que l'empereur ordonne; il ne ressemblera en rien à celui de Mahon tant vanté et si défectueux, et qui ne consiste qu'en des parcs de 20 à 30 mètres, cintrés par des murailles de rempart, dans lesquels l'air qu'on y respire est sans cesse altéré par les prisonniers qu'on y entasserait.

Tel qu'il est, le creux Saint-Georges est une coque de noix, d'une faible profondeur (fond de vase) qui sert d'abri à quelques petits bateaux de pêche et dont les bords sont semés de bien modestes asiles ainsi que de quelques étroites tuileries qui ne donnent que de maigres bénéfices à ceux qui les exploitent et dont on peut apporter en preuve la simplicité de leurs habitations. Cette remarque est d'autant plus importante qu'elle serait appelée à servir de modérateur lorsque l'on devrait prononcer sur la valeur desdits immeubles et ménager ainsi les deniers de l'État.

Cette population se dirigerait vers le village de la Seyne où le terrain à bâtir est en abondance et sur le bord de la mer.

Le gouvernement ayant mis une borne à la construction des bâtisses par le décret précité, achète de gré à gré ou fait exproprier la modeste chapelle, les quelques maisons du creux Saint-Georges ainsi que les monticules couverts de pins rabougris ou de vignes centenaires malades qui s'étendent à droite et à gauche, dans le sud et jusqu'à la mer, et reliant par cet achat les deux rives à l'hôpital Saint-Mandrier; voici le projet que j'aurai l'honneur de tracer respectueusement au gouvernement en l'accompagnant de cette soumise observation, savoir que bien souvent, jusqu'à ce jour, l'État a été frustré dans ses vues de grandeur ou par des imaginations à courte portée suivies de l'exiguïté des terrains achetés, ou par des hommes guidés par une économie mal entendue.

Agrandissement en largeur, longueur et profondeur de la crique
Saint-Georges.

Reculer les rives de droite et de gauche de la crique Saint-Georges de 40 mètres pour la rive gauche en entrant et de 100 mètres pour la rive droite, ce qui donnerait un surplus de 140 mètres de largeur à ce canal.

Pour la rive droite, le travail de curage ne commencerait

qu'à 50 mètres en arrière des débris d'une petite redoute appelée la Vieille à l'état de caducité.

2° La longueur recevrait une augmentation de 300 à 350 mètres à partir de la chapelle existante. Le terrain qui proviendrait de ce curage serait transporté dans le fond de la vallée au sud, et servirait à faire un terrassement régulier de plusieurs mètres de hauteur et en ligne légèrement ondulée, laquelle partirait du blockhaus en pierre qui existe dans ce lieu pour s'étendre à 6 ou 700 mètres dans l'est, côtoyant ainsi la mer du large.

La longueur de ce bassin serait donc alors de 750 à 800 mètres. Ce beau bassin, en forme de fer à cheval, peut-être avec une légère incurvation à droite que l'on pourrait aisément corriger, serait bordé, sur toute sa circonférence, d'un quai nivelé de 20 mètres de largeur. C'est sur ce quai que les troupes recevraient leur sac et leur fusil pendant le débarquement. Sur toute l'étendue de ce quai seraient implantés, à la distance de 10 mètres, de vieux canons du même calibre, la bouche en bas, la culasse en l'air ; ils seraient tous peints en noir pour les préserver de la rouille. C'est sur cette artillerie que les transports ordinaires de ce jour, *la Cérès* et *le Finistère*, par exemple, plus longs que ne l'étaient les vaisseaux à trois ponts sous Napoléon Ier, viendraient s'amarrer.

Un ordre sévère du préfet maritime enjoindrait aux commandants des navires de n'entrer dans le canal que les vergues en croix pour éviter des abordages qui bien souvent ne font pas honneur au pavillon et qui coûtent si cher à l'État.

Un pilote lamaneur et capable, proposé par le préfet maritime et sanctionné par le ministre de la marine, serait spécialement chargé de l'entrée, de la sortie, comme de l'amarrage des navires dans le creux Saint-Georges.

5

Ce pilote, sa famille et l'armement de son canot seraient logés dans une habitation décente que l'on bâtirait à l'entrée du bassin du creux Saint-Georges. Il serait en même temps, à titre de gardien, chargé de fermer le soir, après le coup de canon, la chaîne de ce port.

Sans contester le mérite que pourrait avoir un capitaine, il sera toujours inférieur à celui d'un praticien qui connaît tous les détails d'une localité. Les pilotes de cette nature, en 1823 et à Plymouth du moins, en mettant les pieds à bord d'un navire, s'emparaient du porte-voix ou du commandement. La marine française ne dérogerait pas à sa dignité en imitant tant de bonnes choses qui se font dans la flotte de la Grande-Bretagne, d'autant plus que leur gouvernement n'a pas craint de copier la construction des batteries flottantes, des frégates cuirassées, des canons rayés dont l'invention est due au génie de sa majesté Napoléon III ; que tous les souverains imitent aussi l'organisation de notre armée continentale ; qu'en un mot ces mêmes Anglais se sont emparés avec avidité de l'hélice comme puissance motrice à bord de leur escadre, et qu'enfin ils viennent d'instituer, à la suite de la guerre de Crimée, la croix de la Légion d'honneur, sous le nom de croix de mérite militaire, avec les émoluments de 250 francs pour chaque chevalier.

Une fois le creux Saint-Georges fini latéralement, d'avant en arrière, et creusé à la profondeur de 10 mètres, profondeur actuelle de la rade de Toulon, on établirait, pour y conduire, un chenal d'une pareille profondeur ; des bouées, en forme de baril, moitié noires, moitié blanches, échelonnées dans la mer de 30 mètres en 30 mètres et sur deux rangées, montreraient ainsi le chemin à parcourir soit aux navires qui entreraient, soit à ceux qui en partiraient. Par ce moyen, le pilote aurait ses données assurées, et l'on préviendrait des échouages, toujours funestes, surtout quand on a des troupes à bord.

Des bâtiments-citernes et leur gardien, à titre de mesure de prévoyance, stationneraient constamment dans le sud du bassin. Vidées le matin pour le besoin des troupes ou des navires, elles seraient remorquées à Toulon pour en repartir quelques heures après avec une nouvelle cargaison.

On pourrait tenter de trépaner sur plusieurs points de la presqu'île pour y faire des puits artésiens. De pareils essais n'auraient rien d'infructueux, ce dont je me suis assuré en interrogeant quelques indigènes.

En partant d'un point avancé à l'entrée de la rive gauche, précisément où se trouverait le logement du pilote, on créerait une voie de 20 mètres de largeur, laquelle, en passant entre la grille de l'hôpital de Saint-Mandrier et un petit port destiné aux embarcations de l'État, viendrait aboutir en ligne droite au blockhaus en pierre qui termine la muraille crénelée qui, de la croix des signaux, tombe perpendiculairement à la mer ; pour cela on achèterait les mètres de terrain nécessaires sur les confins des propriétés riveraines. De la rive droite du creux Saint-Georges partirait un chemin semblable au précédent pour se confondre avec le bassin de Sa Majesté Napoléon III, dont je donnerai le signalement tantôt.

La seule objection que l'on pourrait faire à mon plan serait la crainte de ne pouvoir peut-être pas donner, à l'entrée seulement du creux Saint-Georges, le surplus de largeur désigné à chacune de ses rives ; mais il ne faudrait pas en inférer pour cela que mon projet serait impraticable, parce qu'il serait légèrement dispendieux, car je parle avec une connaissance parfaite des lieux.

Frappé du cachet de grandeur, de symétrie, de propreté que l'on rencontre chez toutes les possessions anglaises, à Malte, à Gibraltar, à Plymouth, à Porstmouth, etc., etc., je ne crains pas de m'en ouvrir franchement à mon gouvernement, touchant une pareille imitation.

Une colonne, dont le piédestal construit en pierres de taille de la Ciotat ou de Casis (petits ports situés à huit lieues dans l'ouest de Toulon), reposerait dans la mer jusqu'à la surface de celle-ci. Le fût de cette colonne s'élèverait à la hauteur de 45 mètres ; on la construirait en pierres de granit semblables à celle dont on se sert à Cherbourg pour la confection des bassins. Ce granit est parsemé de veines bleuâtres étincelantes qui produisent un bel effet. Ce monolithe articulé rappellerait l'obélisque de Loucqsor à Paris ou ceux de la place du Peuple ou du Vatican devant Saint-Pierre de Rome.

Cette colonne, érigée dans la partie sud du bassin, serait surmontée d'une statue en bronze représentant Sa Majesté Napoléon III en uniforme de général, faisant face au nord, c'est-à-dire à l'entrée du bassin et au milieu du goulet. Cette statue aurait en arrière une forte base de sustentation offerte par un bloc en fer d'un grand diamètre pour qu'elle ne fût pas renversée par le vent du nord qui est aussi violent qu'il souffle rarement. La tête de Sa Majesté serait découverte, le chapeau sous le bras gauche, le doigt indicateur de la main droite tendu et dirigé vers le pommeau de son épée. Sur les quatre fronts du piédestal serait écrite cette légende :

Dieu protège la France et son épée.

Enfin chaque bâtiment de l'État, partant de Cherbourg à destination de Toulon, emporterait, non façonnées, un certain nombre de ces pierres de granit.

Si quelqu'un trouvait ma proposition étrange, soit touchant l'empereur Napoléon III, soit relativement à la création de deux bassins dont Napoléon Ier avait entrevu l'urgence, je lui répondrais :

Parcourez l'Angleterre ou ses majestueuses possessions avec une imagination patriotique et non versatile, et vous y rencontrerez des havres profonds, des socles, des colonnes surmontées de statues, des ponts, des ingénieurs d'un mérite transcendant toujours prêts à accueillir et faire fructifier, soit dans les arts, soit dans la guerre, quel que soit l'auteur d'une découverte, tout ce qui a trait à la grandeur de leur pays, en élevant des monuments de toute sorte pour perpétuer le souvenir de ses grands amiraux ou de ses hommes d'État qui la sauvèrent si souvent au jour du danger, autels devant lesquels je m'inclinerais, si les Anglais étaient nos amis, s'ils ne traçaient pas des embarras, préparés de longue main à notre gouvernement, s'ils ne cherchaient pas à faire naître en Europe une guerre soit religieuse, soit politique ; et après ce voyage on cesserait d'être étonné qu'un honnête et ancien serviteur, décoré de la Légion d'honneur, ait proposé d'élever cette modeste pyramide qui ne serait en rapport ni avec les bienfaits dont l'empereur ne cesse de combler Toulon, ni avec le dévouement qu'il porte à une nation de 40 millions d'âmes qu'il a sauvées d'un naufrage qui eût été sans épaves, car le navire aurait sombré sous ses chaînes pour ne plus se relever.

En métamorphosant ainsi le creux Saint-Georges, le gouvernement de l'empereur n'aurait là qu'une population militaire que l'or de l'Angleterre chercherait en vain de corrompre. Je ne veux point dire pour cela qu'une population civile céderait aux instances de nos ennemis, mais la

France ne saurait oublier qu'en 1793, quarante-deux bâtiments de guerre furent pris ou brûlés par l'escadre anglo-espagnole, qu'à cette époque, comme sous Napoléon Ier, il existait de mauvais Français échelonnés sur nos côtes.

En second lieu et en temps de guerre, les batteries que l'on armerait au centre comme à l'est de la presqu'île, où iraient-elles s'approvisionner? Serait-ce dans le petit bassin creusé en face de l'hôpital, lequel ne contiendrait pas six chaloupes de vaisseaux? Serait-ce, je le répéterai, avec des embarcations qui partiraient des navires chargés et mouillés en grande rade ou en face dudit petit bassin? Mais ce débarquement n'en finirait jamais, sans compter que la violence du nord-ouest (vent de mistral ainsi désigné dans toute la Provence) s'y opposerait bien souvent.

Ce serait donc sur les quais du creux Saint-Georges que ces mêmes navires déchargeraient les munitions de guerre et de bouche pour les garnisons des fortifications du centre et de la partie est de ladite presqu'île.

Par la possession de tout le terrain qui s'étendrait bien loin des rives, comme par la possession de celui qui limiterait le fond du canal Saint-Georges jusqu'à la mer vers le sud, on formulerait le devis suivant :

Création de plateaux parallèlement étagés les uns au-dessous des autres et en amphithéâtre, d'une longueur en ligne droite de 800 mètres environ pour ceux qui borderaient les rives du bassin, d'une longueur moindre pour ceux qui partiraient du fond du bassin pour se rendre à la mer du côté opposé. Chaque plateau figurerait une rue champêtre. A droite et à gauche de la rue on élèverait des baraques, à poste fixe, d'une longueur de 70 mètres et d'une largeur de 7 mètres, pouvant contenir de cinquante-cinq à soixante lits. Tout le long et de chaque côté de la rue, 2 mètres de terrain seraient consacrés aux trottoirs.

La rue champêtre, ou l'espace qui séparerait les deux lignes de baraques, ayant une largeur de 20 mètres, représenterait une allée immédiatement ensemencée de pins, de genêts dont les émanations balsamiques ne pourraient que corroborer les malades et les convalescents. En sortant des baraques, peintes tous les quinze jours à la chaux, ce qui correspondrait à une fumigation perpétuelle et pareille aux oxichlorures de Labarraque, les soldats reposeraient hygiéniquement leur vue sur la verdure, en même temps que leurs poumons se satureraient d'éléments antiseptiques.

Des plantations de cyprès seraient sévèrement interdites à cause de la densité des rameaux qui s'opposeraient au libre renouvellement de l'air.

Pendant le choléra de 1854, et à la suite d'une pointe poussée dans les marais de la Dobrustcha, l'hôpital de Varna fut un véritable charnier et la mortalité ne s'est arrêtée, parmi nos soldats, que lorsqu'ils furent transportés sous leur tente. Ce que l'on a fait en Bulgarie, on serait obligé de le répéter en Provence dans un cas d'épidémie de typhus à bord de notre escadre.

Les baraques courant nord èt sud, les portes et les fenêtres s'ouvriraient nécessairement à l'ouest et à l'est.

Longueur des baraques.	70 m. Lits, 60.
Largeur, — . . , . : . .	7
Trottoirs, largeur. . . . . , . .	2
Largeur de la rue	20
Longueur —	7 à 800 pour celles

qui longeraient les rives du port.

Pour les voies qui s'étendraient du fond du canal à la côte qui borde la mer du large. . . . . . 300 m. environ.

CHAPITRE IX.

Du fort Saint-Elme comme gardien des Sablettes et protecteur d'un camp.

Le fort Saint-Elme, ordonné par S. M. Napoléon III, est aujourd'hui terminé. Conjointement avec les fronts sud du fort Napoléon et Balagnier, il est appelé à s'opposer ou à balayer des troupes ennemies débarquées sur les tablettes. Sous Napoléon Ier, un camp formé avec des équipages de haut bord avait dressé ses tentes en ce dernier lieu. Cette circonstance pourrait encore se renouveler, et un pareil rassemblement ne saurait, sans un péril imminent, s'élever sur l'ancien emplacement : en voici le motif qui est bien majeur. En effet, des canonnières anglaises à vapeur et d'un faible tirant d'eau ne manqueraient pas de se présenter pendant la nuit en venant du côté sud des Sablettes, et convertiraient en peu de temps le même camp en une horrible boucherie. La prudence, néanmoins, conseillerait d'y placer des sentinelles pendant la nuit.

Mais puisqu'il serait d'un impérieux intérêt de renoncer

à cet ancien emplacement, quel serait donc celui que l'on choisirait pour y asseoir un camp?

Cet espace est tout trouvé dans les versants nord et nord-est du fort de Saint-Elme, bien que les versants nord-ouest et sud-ouest, dans leur totalité jusqu'à la mer, devraient aussi être les appartenances de ce même fort.

De même que le curage, l'allongement sur une très-grande échelle, sans toutefois couper la presqu'île en deux parties, ni que ce motif fût un prétexte de racourcissement mal entendu pour faire avorter le projet, et l'élargissement du creux Saint-Georges apparaissaient à Napoléon 1er comme d'une pressante nécessité, soit comme lieu de débarquement pour des troupes dévorées par la dyssenterie, la peste, la lèpre contractées en Égypte, ou bien encore de nos jours, par le typhus ou le choléra, soit encore en temps de guerre pour y débarquer des munitions de toute nature destinées aux nombreuses garnisons chargées de la défense de la croix des signaux, des batteries rasantes qu'il a sous ses pieds; de même le fort Saint-Elme et la garnison du camp, dit des Sablettes, réclameraient à leur tour un port de refuge, une nouvelle artère protectrice pour les navires chargés de les alimenter. Le lecteur pressent déjà l'urgence d'un pareil havre, comme le visiteur intelligent concevrait la facilité de le creuser.

CHAPITRE X.

Du bassin ou port de Sa Majesté l'empereur Napoléon III, comme artère nourricière du fort Saint-Elme et, en temps de guerre, de la garnison du camp dit des Sablettes.

Ici la nature n'attendrait encore que la main heureuse et féconde de S. M. Napoléon III, et pour bien montrer ce point, la Providence aurait voulu que la mer, à l'aide d'une légère excavation bien dessinée sur une carte à grand point de la rade de Toulon, fût le symbole d'un jalon désignant ainsi l'entrée d'un bassin ou port miraculeux que je proposerai respectueusement au gouvernement de désigner sous le nom de bassin ou de port de S. M. Napoléon III. Cette excavation est à la base du fort Saint-Elme, entre ce lieu et le lazaret.

Ce bassin aurait une longueur d'environ 1,200 mètres ; sa largeur, qui à son embouchure à la mer pourrait n'être que de 300 mètres environ, serait portée ensuite à 400.

Sa profondeur serait de 10 mètres (terre végétale). A l'aide d'une ou de plusieurs cure-molles à vapeur existant à Toulon, on creuserait un chenal en mer qui partirait du travers du lazaret et viendrait se confondre avec l'entrée de ce même bassin.

On placerait ici, comme pour le creux Saint-Georges, à droite et à gauche du chenal, des bouées en forme de baril qui serviraient de points de relèvement aux navires qui entreraient ou sortiraient du bassin.

L'industrie privée ayant bien rempli sa tâche pour le curage de la rade de Toulon, ce serait encore à elle qu'il conviendrait de s'adresser pour terminer ces importants travaux. Toutefois, la préfecture maritime pourrait fournir des condamnés, lesquels seraient chargés d'enlever la terre encore non inondée et de la transporter sur la côte sud-ouest ou côte qui regarde la haute mer et à la distance de 20 mètres du rivage pour empêcher le parapet d'être rongé par la houle. Ce port, dans toute son étendue, serait entouré d'une voie pavée de 20 mètres de largeur, et de distance en distance des canons implantés, la culasse en haut et peints en noir, serviraient à l'amarrage des bâtiments. Enfin son organisation serait une répétition de celle du creux Saint-Georges.

Toute la petite plaine à droite, à gauche et dans le fond du port, ainsi que les coteaux du voisinage, seraient achetés par le gouvernement qui en disposerait à tout jamais pour la formation de son camp, en temps de nécessité. Combien de fois, en ajournant certaines dépenses, les particuliers comme l'État ne se repentent-ils pas de n'avoir pas saisi le moment opportun pour faire l'acquisition de tel ou tel immeuble ?

Je crois fermement qu'ici, comme au creux Saint-Georges, on ne trépanerait pas en vain le sol pour obtenir des puits. Il y aurait dans cette jolie et utile baie : 1° des bâtiments-citernes ; 2° des bâtiments-cuisines, sur lesquelles on préparerait l'alimentation des hommes du camp. Le gouvernement y trouverait une grande économie et les hommes un bien-être réel. Ces bâtiments serviraient aussi de magasins pour les vivres, tels que biscuits, eau-de-vie, vin, vinaigre,

pour les commencements d'altération des gencives, scorbut;
Étant amarrés le long des quais; la garnison du camp s'y
rendrait pour y recevoir la nourriture qu'elle absorberait
sur le rivage. On supprimerait alors les distributions si lon-
gues de bois, de charbon de terre, de légumes et de tout
autre chose enfin.

Il arrive souvent à Toulon qu'un grand transport, en
appareillage pour Alexandrie ou l'Algérie avec des troupes
ou du matériel, soit encore pour la Cochinchine, reçoit
l'ordre de suspendre son départ pour quinze jours. Dans
une occurrence pareille, ledit transport se rendrait au
havre Napoléon III, amarré bord à quai; les passagers,
alors sous la surveillance des sentinelles et des sous-offi-
ciers, mettraient pied à terre pendant le lavage du bâtiment ainsi qu'aux heures des repas.

Les militaires, comme l'équipage, ne toucheraient pas
aux caisses du bâtiment-transport, mais bien à l'eau con-
tenue à bord des bâtiments-citernes.

Un vaisseau-hôpital bien organisé, avec son personnel
médical et sa pharmacie, serait mouillé dans le port, en
sorte que les malades du camp y trouveraient instantanément tous les secours désirables, et l'on éviterait ainsi de
traverser, pendant les mauvais temps, la rade dans sa plus
grande longueur.

Il est bien entendu que cet embarquement compterait
comme temps de navigation pour tout le monde.

Ici, comme au creux Saint-Georges, comme dans toute
la presqu'île, il serait expressément défendu, par une loi
inflexible, de laisser bâtir la plus petite maison. On inter-
dirait à tout bateau, qui n'appartiendrait pas à l'État, de
pénétrer dans le port. Tous les soirs ce dernier serait fermé
par une chaîne comme cela se pratique à Castigneau. Un

logement, pour un gardien et sa femme, serait construit à l'entrée de la rive droite. En temps de paix le gardien, à qui la marine accorderait un petit bateau sans mâture et sans voile, pour éviter des sinistres, trouverait société et assistance dans la garnison du fort Saint-Elme.

Le pilote lamaneur logé au creux Saint-Georges serait aussi chargé de l'entrée, de la sortie, comme de l'amarrage des navires à destination du havre Napoléon III.

Enfin, une voie de 20 mètres de largeur horizontalement tracée et distante du rivage de 5 mètres, pour l'empêcher d'être dévorée par les vagues, relierait l'entrée de ce havre au lazaret. La muraille qui borne celui-ci du côté de la mer étant reculée, la route se prolongerait jusqu'au creux Saint-Georges. Comme je l'ai dit tantôt, on la continuerait ensuite de la pointe est du creux Saint-Georges, en passant devant la grille de l'hôpital Saint-Mandrier, jusqu'à la base de la muraille crénelée qui, de la Croix des Signaux, vient mourir en face d'un blockhaus en pierre.

Ce chemin de ceinture, toujours couché sur le bord de la mer, relierait entre eux tous les bassins ainsi que les fortifications de la presqu'île. Bassins et fortifications qui seraient toutes assises en dedans du goulet et du lazaret. Cette route porterait le nom de route stratégique ou de ceinture.

Quand on réfléchit à tout ce que le tracé de ces travaux aurait d'utile et d'important, un serviteur dévoué à Sa Majesté Napoléon III ne doit nullement reculer devant la présentation d'un plan à un souverain qui accueille avec tant d'aménité les aspirations du patriotisme.

Il y a encore à Toulon trois mille forçats; on pourrait en distraire plusieurs centaines à l'aide desquels on commencerait l'exécution de ces importants travaux après la conclusion des actes d'achat. Un bagne flottant serait mouillé à peu de distance de l'entrée du creux Saint-Georges. Le second trouverait sa place par le travers du lazaret.

Ainsi, à l'aide du creux Saint-Georges, au centre de la presqu'île, les garnisons du cap Sépet, des batteries rasantes se ravitailleraient facilement, ainsi que les typhiques en temps d'épidémie.

Quant à la partie ouest de cette même presqu'île et grâce au havre Napoléon III, la garnison du camp dit des Sablettes, comme celle du fort Saint-Elme, seraient rassurées contre toute disette et contre toute absence de secours médical.

Je le répète, la terre qui proviendrait de ce dernier curage, pour la partie non inondée, serait transportée par des forçats sur la côte sud-ouest que l'on convertirait en terrassement. Bien plus, c'est que celui-ci serait un rempart qui cacherait le camp au regard comme à la mitraille d'un navire anglais venant du large.

Enfin, le creux Saint-Georges organisé, le havre Napoléon III terminé, la presqu'île de Saint-Mandrier nous donnerait une image des belles dentelures si utiles qui existent à Mahon depuis le fort Saint-Philippe jusqu'au fond de ce magnifique boyau. A Gibraltar, à Malte, le gouvernement anglais exploite tout ce qui pourrait donner asile à une chaloupe de guerre, en défendant énergiquement l'immixtion de tout ce qui pourrait avoir trait au commerce. En 1854, pendant la guerre de Crimée, mais aujourd'hui surtout, le cabinet de Saint-James songe sérieusement à unir le bassin de la Quarantaine avec le grand port de Malte. Cette addition non-seulement, dit-on, accroîtra considérablement la force de cet arsenal, mais elle sera consacrée à y recevoir un certain nombre de bâtiments de l'État, Malte devant être la grande place d'armes d'où partiront des expéditions soit contre Toulon, soit contre l'Égypte. A Corfou, l'ordre a été donné, depuis peu, de creuser le canal pour le rendre accessible aux navires de guerre d'un faible tirant d'eau.

La nouvelle organisation du creux Saint-Georges, la création du bassin Napoléon III paraîtraient, peut-être à quelques hommes à vue étroite, tracées sur de trop larges bases. Mais l'empereur daignant apprécier l'imitation de tout ce qu'il y a de grandiose en Angleterre, touchant un pareil sujet, sera assez bienveillant, j'ose le croire, pour accorder sa protection à des projets que très-humblement je dépose au pied de son trône.

On reconnaît aujourd'hui au Havre que les bassins de commerce, de Vauban, de la Floride, celui-ci inauguré en 1801 par Napoléon Ier, ne sont ni assez nombreux ni assez larges. Ainsi, par la volonté de l'empereur Napoléon III, on achève, à cette heure, la grande écluse des transatlantiques et une nouvelle forme pour le radoub des steamers.

Le gouvernement a également reconnu la nécessité d'élargir le chenal insuffisant et dangereux pour le passage des bâtiments d'un fort tonnage. Ce projet est en voie d'exécution, et l'on va commencer les travaux d'agrandissement de l'avant-port au moyen du déplacement de la citadelle qui doit faire disparaître l'antique tour de François Ier.

Au port de Marseille, les travaux de construction du bassin Napoléon se poursuivent rapidement et pourront être terminés l'année prochaine. A Boulogne, on construit un nouveau bassin à flot auquel on ne saurait donner trop de largeur et de longueur, vu l'énormité des dimensions appliquées aux nouvelles constructions des bâtiments de commerce.

A Brest, on creuse le port Napoléon dans l'anse de Porstrein. On complète les travaux du port de Saint-Malo dont l'empereur a reconnu toute l'utilité dans son voyage en Bretagne.

A la Rochelle, les travaux consistent dans la construction d'un nouveau bassin à flot et dans l'approfondissement du chenal.

On reconnaît encore qu'à Cherbourg l'avant-port, le bassin et l'arrière-bassin décrétés par Napoléon Ier en 1803 sont insuffisants, tant pour le nombre que pour la grandeur, et que comme conséquence le chef de l'État a ordonné le creusement d'un bassin d'une plus vaste contenance que les précédents.

De tout ceci, il faudrait conclure que pour la gloire [du gouvernement actuel, comme dans un but futur d'économie pour le trésor, on ne saurait trop donner à tous nos havres des proportions colossales, si nous ne voulions pas que nos neveux ne nous adressassent les mêmes reproches que nous pourrions faire aux louables et patriotiques intentions de nos devanciers.

FIN DE L'EXAMEN DE LA PRESQU'ILE DE SAINT-MANDRIER.

CHAPITRE XI.

L'amiral Nelson, en 1801, 2 avril, avec 30 vaisseaux de ligne, a bombardé Copenhague, et mis en pièces la ligne d'embossage des navires non bardés de fer des Danois.

Depuis, les Anglais n'ont dégénéré ni en haine ni en énergie et savoir maritime. Naguère ils nous l'ont montré à Kerch et dans la mer d'Azof, ainsi qu'à l'embouchure du Dniéper et du Bug, en brisant, avec une frégate et une canonnière à vapeur, les glaces qui les retenaient prisonniers dans le Liman, pour aller mouiller en dehors de ce dernier. Malgré nos précautions, un transport, une frégate et deux batteries flottantes françaises, cernées par les glaces, s'exposaient seules aux dangers d'une attaque par une armée russe pouvant nous faire encourir de donner à nos alliés la répétition du tableau de l'escadre hollandaise bloquée par les glaces du Texel et capturée par les hussards français, dans le courant de l'hiver de 1795.

En conséquence, la première ligne, ou l'avant-garde des navires cuirassés, diagonalement établie du fort Saint-Louis à l'hôpital de la presqu'île de Saint-Mandrier, pouvait être rompue par une escadre anglaise malgré la résistance de la ligne d'embossage et le feu des citadelles de premier rang alignées sur le littoral du quartier de la Malgue et des forteresses de deuxième rang échelonnées sur la presqu'île, ne serait-il pas urgent d'avoir une seconde ligne d'embossage et de fortifications dites de réserve ou d'arrière-garde pour arrêter l'impétuosité de l'ennemi ?

Ces deux lignes, dont l'ensemble constituerait une arrière-garde mixte ou de réserve, seraient mises sur un tel pied de défense que, ou l'escadre anglaise y laisserait une partie de ses ossements, ou bien elle virerait de bord et prendrait la bordée du large pour éviter un échec des plus graves. Ce n'est point la peur qui guide mes pensées, c'est à la fois mon dévouement à notre souverain et à mon pays, et parce qu'aussi j'ai une connaissance profonde de l'acharnement du caractère anglais, comme de leur grande audace en fait d'expéditions maritimes. Hélas! que j'ai déploré bien souvent la légèreté comme la myopie de mes compatriotes pour tout ce qui a trait à l'Angleterre!

C'est en effet dans le centre d'un triangle, dont la grosse tour fait le sommet, Balaguier et l'Aiguillette, la base, qu'un jour plus ou moins éloigné, se jugera la destinée des arsenaux de Toulon, et je vais le démontrer en homme qui connaît la marine, plus profondément qu'on ne pourrait le supposer, c'est-à-dire en vieux Jean-Bart, et je vais le prouver.

Je commence par prévenir mes lecteurs que je ne suis point un rêveur; soyez donc assez bienveillants, je vous prie, pour me suivre attentivement.

L'avant-garde de l'armée navale anglaise, composée de neuf vaisseaux de l'escadre Bleue, se présenterait sur trois lignes ainsi combinées. Munissez-vous, s'il vous plaît, d'une carte à grand point de la rade et du goulet de Toulon.

1° Une division de trois vaisseaux, marchant parallèlement les uns aux autres à la distance de 100 mètres, aurait ordre, en venant à toute vapeur, d'enfoncer le centre de notre première ligne d'embossage.

2° La deuxième division, de trois vaisseaux encore, se précipiterait également sur l'extrémité sud de notre ligne, c'est-à-dire sur la côte de Saint-Mandrier.

3° Enfin les trois autres vaisseaux, total neuf, s'efforceraient de détruire la cohésion de notre ligne sur la pointe nord, c'est-à-dire du côté de la Malgue.

C'est alors que ce frein brisé, l'escadre Bleue composée de neuf vaisseaux, l'escadre Blanche comptant onze vaisseaux et l'escadre Rouge dix, parmi lesquels *le Malborough*, *le Saint-Jean d'Acre* et *le Wellington*, de 130 canons, *le Saint-Vincent* et *le Trafalgar*, de 120 canons, n'hésiteraient pas à vouloir nous donner le coup de grâce en cherchant à pénétrer dans la petite rade qu'ils savent être curée et présentant en conséquence assez de fond pour y recevoir, faire manœuvrer, sans s'y échouer, leurs vaisseaux de ligne.

Chaque vaisseau amiral porterait en tête de son grand mât l'ordre du jour suivant en l'appuyant d'un coup de canon :

« Équipages de la Grande-Bretagne, le gouvernement « de la reine Victoria et le conseil de l'amirauté de Londres « comptent que chacun fera son devoir. »

Et tout le monde répondrait énergiquement à cet appel, car les Anglais seraient aussi jaloux, après la destruction de Toulon, de ramener à Plymouth et à Porstmouth, après avoir politiquement relâché à Gibraltar pour y renouveler leur charbon, leur escadre criblée de nos boulets, que nos soldats furent heureux, après Magenta et Solferino, en compagnie de Sa Majesté Napoléon III, de montrer à la vieille

Gaule, 14 août 1859, nos drapeaux lacérés par la mitraille de l'armée autrichienne.

La division de vingt frégates à vapeur, sous le commandement d'un amiral portant son pavillon sur le vaisseau de 90 canons, *l'Agamemnon*, serait toute prête à porter secours et à donner la remorque aux vaisseaux anglais désemparés, dont les hélices auraient été brisées par nos boulets. Cette division se tiendrait sous vapeur entre la croix des signaux, les îles d'Hyères et le cap Brun, mais en dehors de la portée du canon. Sur la dunette du vaisseau serait posé le buste de l'amiral Nelson.

Enfin le vaisseau *le London*, de 90 canons, dirigerait le tir des bombardes à vapeur alignées dans le sud des Sablettes, contre la deuxième ligne d'embossage française.

J'ai là, devant mes yeux, le plan d'attaque contre Toulon, tel qu'il doit exister à Londres dans les archives secrètes de leur conseil d'amirauté.

Je le répète, ce n'est point une aberration de mes sens, je parle en homme convaincu dans tout ce que j'ai l'honneur de retracer avec le plus profond respect et à S. M. Napoléon III et à la France, depuis le commencement de ce mémoire jusqu'à la fin.

Si quelque incrédule jaloux, ou bien quelque présomptueux ajoutait que je regarde les forces de l'Angleterre à l'aide d'un microscope qui abuse de la crédulité de ma vue, je lui répondrais que les Anglais possèdent en ce moment 77 vaisseaux de ligne dont 67 à vapeur, 69 frégates dont la majeure partie est à vapeur et à hélice, et je ne compte ni les corvettes, ni les batteries flottantes, ni les frégates cuirassées, transports, etc., ni les cinquante-cinq navires de guerre en construction dans les différents ports et qui seront mis à l'eau avant la fin de l'année 1861.

Et puis, pire que tout cela, c'est que cette flotte se croit indestructible, comme notre armée continentale se croit invincible.

En conséquence, puisqu'il est palpable, pour tout homme doué d'un jugement droit, que les fortifications de Toulon, vu leur état d'anémie, seraient insuffisantes et pour arrêter la marche d'une pareille escadre comme aussi pour secourir nos lignes d'embossage, combien la puissance de ces mêmes fortifications ne deviendrait-elle pas minime, si les Anglais substituaient à cette flotte de bois une armée navale qui ne se composerait que de navires d'un échantillon pareil à nos frégates *la Gloire* et *la Normandie* ou à ceux du *Prince-Noir*, du *Warrior*, de *la Résistance*, lancés dans le courant de février de cette année 1861, dans les ports d'Angleterre.

—◇—

CHAPITRE XII.

Deuxième ligne d'embossage en croissant, s'étendant d'un point à cent cinquante mètres en dedans de la Grosse-Tour au point correspondant au fort de l'Aiguillette.

Pendant tout ce branlebas général, quel rôle serait réservé à l'escadre française ? L'honneur lui donnerait le tracé suivant : elle formerait une deuxième ligne d'embossage en forme de croissant ayant pour limites les points désignés;

nos navires n'auraient que les bas mâts, les mâts de hune
et de perroquet auraient été déposés dans l'arsenal. Les
vaisseaux seraient fortement reliés entre eux, comme dans
la première ligne d'embossage, par des doubles chaînes de
vaisseaux à trois ponts. Les vaisseaux auraient pour mission
ou de succomber glorieusement à leur poste, ou de repousser l'ennemi en s'appuyant sur l'immortelle légende
de la vieille garde de Napoléon Ier : *La garde meurt, mais
elle ne se rend pas.* Si l'on renonçait à ce moyen de lier les
vaisseaux entre eux, chaque navire, de l'avant comme de
l'arrière, serait mouillé sur des corps morts. Les filets seraient tendus, comme dans la première ligne, pour prévenir l'abordage ; en dedans des vaisseaux et à l'abri de leur
muraille, on alignerait de petits bâtiments sous vapeur.
Ceux-ci auraient pour consigne de courir sus et sans pitié
sur des chaloupes anglaises à vapeur transformées en brûlot
et qui, pendant l'intensité de l'action et à travers une
épaisse fumée, chercheraient à franchir notre deuxième
ligne d'embossage dans le but d'incendier, soit l'arsenal du
Mourillon, soit celui de Castigneau. Les grappins d'abordage
seraient mis en place à bord de notre flottille pour s'emparer
des brûlots et aller les échouer sur la côte de la Seyne, et
chaque vapeur français se hâterait de retourner à son poste.
Enfin ceux de nos vaisseaux à vapeur qui feraient partie de
cette ligne, auraient les feux allumés pour se servir de
leur machine au besoin.

On ne saurait trop recommander aux commandants de
s'assurer par eux-mêmes, ou par l'intermédiaire de leur
premier lieutenant, du diamètre et de la longueur de la
mèche dont la combustion éclaire la sainte-barbe ou soute
aux poudres. J'ai vu souvent que celle-ci, par son épaisseur
et sa longueur hors du fourreau, donnait une lumière dont

l'intensité n'était pas toujours nécessaire, mais dont la chaleur, se communiquant à travers une épaisse glace, aurait pu enflammer le pulvérin. La fin déplorable du vaisseau *l'Orient* à Aboukir, de la frégate *la Danaé* dans l'Adriatique dont le commandant, Descorches, avait été assassiné, et à bord de laquelle mon vertueux père, célèbre opérateur, n'avait plus voulu rester comme chirurgien-major après la mort de son intime ami ; la perte du *Formidable*, entre Belle-Isle et les coraux de Groix devant Lorient, ne peut être attribuée, pour les vaisseaux, qu'à l'incurie des maîtres canonniers ou peut-être au défaut de surveillance des grandes autorités. Il n'en est pas de même de *la Danaé*, dont le drame ne peut être que la conséquence de la résolution de quelque grand scélérat.

Dix frégates à vapeur françaises postées entre Lagoubran et la Seyne seraient toutes parées à amariner ou prendre en enfilade le ou les vaisseaux anglais qui se seraient fait jour à travers cette deuxième ligne.

Dans cette dernière éventualité, à quoi serviraient les canons du front nord du fort Napoléon, ceux du front est de Malbousquet, si l'on venait à armer celui-ci, ainsi que les pièces qui sont en dedans de la grosse tour, au bastion A et bastion C, alignées en face du parc au charbon et celles de la mâture ? A rien, et je le maintiens, car leurs feux s'appesantiraient aussi bien sur les loups venant du dehors comme sur ceux de dedans, c'est-à-dire que la mitraille française atteindrait aussi bien les Français que les Anglais. Je fais cette grande remarque pour attirer respectueusement l'attention du gouvernement sur l'important littoral de la Malgue ainsi que sur le front est du fort Napoléon qui domine l'entrée du goulet et le fer à cheval limité par Balaguier et l'Aiguillette.

Ou bien serait-il préférable de laisser ces frégates dans le port afin de ne pas paralyser le feu de toutes les fortifications qui plongerait dans la rade ? Dans l'un comme dans l'autre cas, il faudrait fermer hermétiquement l'entrée des quatre darses à l'aide de corvettes ou bricks fortement assis en travers, car il pourrait advenir qu'un commandant anglais, dans un paroxysme d'exaltation, tenterait de pénétrer dans l'intérieur d'un de ces havres et mettant le feu à la soute aux poudres de son navire, qu'il convertirait instantanément en un brûlot d'abord, puis en un tombeau pour lui et son équipage, ne fît ainsi de notre riche matériel naval qu'un immense bûcher. A des hommes lymphatiques et efféminés qui me refuseraient l'admission d'un aussi beau trait de dévouement, je répondrai qu'un officier breton, M. Bisson, dont la statue orne la place du Marché à Lorient, en face de l'église Majeure, s'est fait sauter en l'air dans les mers du Levant pour se soustraire, ainsi que son équipage, à la honte d'être fait prisonniers par des forbans grecs, bien que mon intention soit loin d'établir une comparaison entre des écumeurs de mer et nos braves matelots.

Dans ce moment suprême, où chaque navire français serait appelé à faire, non pas son devoir, mais plus que son devoir, comme le disait Napoléon Ier, et Dieu se rangeant du côté d'une sainte cause, celle de Napoléon III, la France ne répéterait pas à Toulon les mots de François Ier : « Tout est perdu, fors l'honneur ! »

Il est aussi entendu que cette deuxième ligne d'embossage serait encore gardée, comme la première, par des sentinelles avancées sous-marines du général russe Jacobi, conjointement avec des bateaux poissons sous-marins, qui sont dans ce moment à l'étude en Espagne. Comme on le voit, toutes les nations cherchent des moyens de salut en mettant leur port à l'abri; car l'Angleterre veut défier et anéantir, soit séparément, soit réunies, toutes les marines de l'Europe.

Pendant cette chaude affaire, de vieux officiers de port auraient sous leurs ordres des compagnies de pompiers, dont les instruments en bon état iraient éteindre l'incendie partout où il éclaterait. On renforcerait ces compagnies avec des volontaires que les braves colonels de nos régiments fourniraient avec plaisir.

Cette seconde ligne d'embossage, livrée à ses propres ressources, ne pourrait peut-être pas tenir tête à l'orage. On ne détournerait donc celui-ci qu'avec l'assistance des forteresses de premier rang sur lesquelles je vais porter mes regards et chercher à y attacher la sollicitude du chef de l'État.

Cette seconde ligne de défense terrestre se composerait : 1° de la grosse tour, digne, par la puissance qu'il faudrait lui donner, de nous remémorer celle de Malakoff et en même temps celle du grand redan de Sébastopol; 2° du côté du creux Saint-Georges, de la batterie dite la Vieille, qu'il faudrait faire ressusciter, dont les feux se croiseraient avec ceux de la grosse tour.

Bien en face de la grande rade et du goulet, la tour de Balaguier et le fortin de l'Aiguillette, reliés par un fer à cheval qui les sépare, représenteraient alors une position inexpugnable avec un armement de 300 pièces de canon.

Le fort Napoléon, autrefois fort Caire, comme puissant auxiliaire. Le jour du combat, toutes ses fortications planeraient sur le centre du triangle dont j'ai parlé plus haut et que je n'hésite pas à considérer comme le tribunal de guerre, je le répète, où se décidera un jour la destinée des arsenaux de Toulon.

Du fortin de l'Aiguillette, de la tour de Balaguier et du Fer à cheval,
dont ils représentent les extrémités nord et sud

Dans l'état actuel, presque tout cet emplacement est à l'état de position morte ; c'est la vie, une exubérance de vie à lui donner, semblable à celle du littoral de la Malgue, et qu'il faudra tôt ou tard opposer à une exubérance de colère, de force et d'audace représentées par un ouragan de 32 vaisseaux de ligne, de 20 frégates et de 20 bombardes à vapeur, sous le commandement des premiers amiraux de l'Angleterre.

Cette position est donc appelée à jouer deux rôles également sérieux : le premier, d'arrêter la marche des forces anglaises ; le deuxième, conjointement avec une batterie de 30 mortiers établis sur un cavalier en terre de 30 mètres de hauteur au centre ou sur le front est du fort Napoléon, de faire essuyer les plus grandes pertes aux Anglais, soit dans leur attaque comme pour rendre leur retraite impossible ou grandement désastreuse.

Aussi tout le terrain s'étendant en arrière de l'Aiguillette, de Balaguier et du Fer à cheval jusqu'à la distance de 2 kilomètres, ne serait pas de trop pour arriver à ce résultat si désirable. 300 pièces de canon, d'un énorme calibre, seraient assises sur des batteries en terre, étagées les unes au-dessus des autres sur ce terrain, qui s'élève en amphithéâtre, moins abrupte qu'au fort de la Malgue et au cap Brun, en faisant face à la grande rade et au goulet. Les trois premières batteries, en partant du rivage, seraient renfermées dans des embrasures en terre, les autres seraient en plein vent. Tout cet armement prendrait l'escadre anglaise en enfilade de l'avant à l'arrière, tandis que tout le littoral de la Malgue et celui de Saint-Mandrier la prendrait, soit en écharpe, soit en travers.

Du reste, toute l'artillerie servant à l'armement de toutes les rades, ports, rivières et côtes de France depuis Dunkerque jusqu'à Nice et sur la côte nord d'Afrique depuis Oran jusqu'à Bone, ne devrait reposer que sur des affûts à pivot, surtout pour les batteries barbettes. Par cette disposition, la locomotion d'une pièce serait simplifiée en quadruplant sa force puisqu'elle tournerait volontairement sa gueule contre un ennemi venant des quatre points cardinaux comme de ceux intermédiaires à ceux-ci.

Ce serait une imitation des plates-formes tournantes du capitaine Coles, inventeur des canons armures.

Dans la distribution de l'artillerie relative à Balaguier, on n'oublierait pas surtout une crète faisant face au sud, que l'on armerait de 30 grosses pièces à ajouter aux 300, servant ainsi d'auxiliaire au front sud du fort Napoléon ainsi qu'au fort Saint-Elme, contre une attaque des Sablettes.

Ce sont, je ne cesserai de répéter les mots, les fortifications herculéennes de Cronstadt qui ont fait fléchir l'impétuosité de l'amiral Charles Napier, dont l'audace ne serait certainement pas arrêtée par la situation actuelle des fortifications de Toulon.

—◦◦◦—

CHAPITRE XIII.

Du fort Napoléon, autrefois dit fort Caire.

———

C'est là que l'empereur Napoléon Ier prenait position, sinon pour détruire, du moins pour forcer l'escadre anglo-espagnole d'évacuer la rade de Toulon en 1793.

Le fort Napoléon est perché sur un cône. Sa renommée n'est présentement pas à la hauteur de la puissance qu'il serait nécessaire de lui donner. En avant de sa muraille anguleuse avancée, il ne dispose tout au plus que d'une étendue variant de 25 à 30 mètres, qui sont ses racines horizontales. Dans l'état actuel, cette étendue a un air étranglé et elle devrait bien s'élever à celle d'un kilomètre et demi dans la direction des quatre points cardinaux ; alors chacune de ses faces recevrait un allongement de 100 mètres. Les fossés seraient creusés avec une augmentation de 20 mètres. Je dis 20 mètres, parce que la terre qui en serait retirée et répartie sur toutes les faces de la citadelle, servirait à les exhausser d'autant, et reculerait ainsi les limites de leur horizon.

Tout l'armement ne se composerait que de pièces rayées, montées sur des affûts à pivot, même les mortiers seraient rayés. Quatre nouveaux fronts seraient construits au-dessous des premiers et garantis contre une surprise par le moyen de nouveaux et profonds fossés.

Comme complément de son armement, s'élevant à 150 canons, le fort Napoléon recevrait aussi une batterie de 30 mortiers pour tirer sur l'escadre anglaise soit en grande rade, soit dans le goulet, ou bien encore pour pointer sur les Sablettes ou dans le sud de celle-ci, dans la circonstance où une division de bombardes anglaises, ayant chacune 2 mortiers, serait sous vapeur pour lancer des bombes sur notre deuxième ligne d'embossage, s'étendant en croissant de la Grosse-Tour à l'Aiguillette.

1° Par le nord, le fort Napoléon domine la rade dans cette partie qui baigne Castigneau, et dans celle qui s'étend de ce point au village de la Seyne.

2° Par le sud, il bat les Sablettes et conjointement avec le fort Saint-Elme et le front sud de Balaguier, il écarterait la ligne des bombardes ennemies et protégerait le camp dit des Sablettes dressé en dedans de Saint-Elme entre celui-ci et le lazeret.

3° A l'ouest, il arrêterait la marche d'un corps d'armée ayant débarqué à Saint-Nazaire (petit village situé à deux lieues dans l'ouest de Toulon), et débouchant par la vallée de la Seyne.

4° Mais surtout du côté de l'est, et avec sa batterie de mortiers, avec de bons chefs de pièce, il ferait sentir sa colère à l'escadre anglaise soit dans sa marche en avant comme dans sa retraite. Quand on pense qu'une bombe, à elle seule, pourrait compromettre instantanément un vaisseau de 130 canons, on ne saurait être trop difficile quant au choix et à l'éducation militaire des hommes appelés à l'armement d'une pareille artillerie.

Les 30 mortiers du fort Napoléon, conjointement avec les 30 mortiers du fort du cap Brun, auraient à peu près la même destination touchant la retraite de l'escadre anglaise, comme de sa marche en avant.

Pour laisser au fort Napoléon ses franches coudées et rendre son tir plus certain, le lendemain d'une déclaration de guerre entre la France et l'Angleterre, tous les bois de pin, ainsi que quelques modestes pieds de chênes liége, particulièrement ceux qui s'étendent à l'est en face du goulet, au nord en face de la petite rade, seraient abattus immédiatement.

Il existe, surtout du côté de l'est, quelques crêtes, et s'il était prouvé, après la chute des bois, qu'elles gêneraient l'horizon du fort Napoléon, on pourrait les niveler facilement en employant à ce travail les garnisons du fort lui-même.

Je dirai plus, c'est qu'une voie de 200 mètres de largeur serait d'une application heureuse pour faire comuniquer le fort Napoléon avec les majestueuses batteries du Fer-à-Cheval précité dont le fort Napoléon serait l'imposant protecteur.

Du reste, partout où se trouve un grand nombre d'hommes de guerre rassemblés, il faut de larges espaces pour les recevoir afin de renoncer à une allocation que l'on ferait payer à l'État le plus cher qu'on le pourrait, et ensuite parce que l'encombrement amène toujours le typhus après lui.

Créé, comme il est facile de s'en convaincre, comme point capital dans la défense de Toulon, athlétiquement restauré par l'ordre du Gouvernement de l'Empereur, alors seulement le fort Napoléon serait à la hauteur de sa dénomination par les services réellement majeurs que, dans la suite, il serait inévitablement appelé à rendre touchant la conservation de Toulon, et ce conjointement avec toutes les forteresses que j'ai désignées dans le cours de ce mémoire, sur lesquelles un regard protecteur de Sa Majesté Napoléon III donnerait la force dont elles manquent actuellement.

Enfin le fort Napoléon exercerait sur des bâtiments étrangers, venant du sud-est, une impression de respect égale à celle qu'ils éprouveraient quand, venant du nord-est, de l'est et du sud-est, ils prendraient comme points de relèvement, pour entrer dans le goulet de Toulon, le fort du cap Brun, celui de la Malgue et le Fer à cheval de Balaguier et de l'Aiguillette.

Il est entendu, pour ne plus être oublié, que les canonnières de toutes nos citadelles recevraient la même instruction que celles de nos équipages de ligne; qu'elle serait écrite dans chaque chambrée et répétée à chaque exercice de canon.

Canonniers, vous pointerez en plein bois, c'est-à-dire sur la batterie du milieu ou dans les flancs des vaisseaux anglais. Tous les chefs de pièces seraient conduits, de temps à autre, dans l'arsenal pour leur faire examiner ce qu'on entend par le flanc d'un vaisseau.

CHAPITRE XIV.

Projet touchant la création à Toulon d'une digue semblable à celle de Cherbourg. Motifs puissants qui engageraient à le faire.

On a beaucoup réfléchi pour savoir à quelle distance on jetterait les fondements de la digue de Cherbourg (1784), qui furent enfin fixés d'un côté à l'île Pelée, de l'autre à la pointe de Querqueville. Ici, à Toulon, le coup d'œil d'un vieux nautonier donnerait les signalements suivants pour ne plus être délaissés, savoir, pour la partie nord du goulet, un point placé entre le cap Brun et le fort de la Malgue, correspondant à un point diamétralement opposé à 200 mètres environ plus en avant et vers le sud-est de la chute de la muraille crénelée de la presqu'île de Saint Mandrier, c'est-à-dire en dedans du goulet.

Par ce moyen, la digue étant bien en dedans du cap Sepet, elle serait à l'abri de la mer du large ou du sud-est qui vient de plus de 200 lieues et n'aurait contre elle que la mer d'est et de nord-est qui, à la distance de 5 lieues, est rompue par les îles d'Hyères.

Deuxième plan qui serait défectueux, tandis que le premier serait exempt de reproches mérités.

On pourrait aussi, comme limites du deuxième plan, présenter le fort Saint-Louis pour la côte de la Malgue et l'hôpital en face pour la côte de Saint-Mandrier. Je rejetterai ce deuxième plan sur trois considérations irréfragables :

1° C'est que le second plan serait aussi dispendieux que le premier, la largeur du goulet étant à peu près la même partout. Voilà contre les partisans des économies mal entendues ou contre de mauvais esprits de contradiction, qu'en Angleterre on repousserait instinctivement, mais auxquels en France on prête malheureusement trop volontiers l'oreille, parce que quelques gens aimeraient à repousser ce ce qui ne leur appartient pas, ou, étant les ennemis de Napoléon III, ne voudraient rien voir surgir de grand sous un pareil nom.

2° Ensuite parce que, par ce second plan, on se priverait de la grande étendue d'eau qui séparerait le second plan du premier.

3° En effet, par ce second plan la digue se trouverait plus rapprochée de la grande et de la petite rade de Toulon que ne le serait le premier; parce qu'enfin quand on accepte une bataille, de cette nature du moins, il faut toujours le faire dans un lieu le plus éloigné possible du terrain sur lequel reposent vos réserves et non pas aux portes de celles-ci.

Je n'ai l'honneur d'être ni un Vauban, ni un Totleben dont j'ai admiré sur les lieux et le talent et le patriotisme, mais je ne suis point un plagiaire, tout ce que je dis c'est par intuition.

Toutefois, si ma brochure ne faisait pas sensation en France, elle en ferait du moins à Madrid, à Saint-Pétersbourg, mais surtout à Londres, où elle serait étudiée, disséquée secrètement dans le conseil de l'amirauté, en présence des gé-

7

néraux de l'armée de terre qui, étonnés de la mise à nu de pareils projets, en formeraient d'autres.

Bien souvent des découvertes sont faites en France, où soit par jalousie, soit par une versatilité déplorable, elles sont délaissées. Puis, transportées en Angleterre, elles y fructifient, et ce n'est qu'après avoir été importées de France en Angleterre, qu'elles sont réexportées d'Angleterre en France : quand je ne citerais à l'appui de ce que je dis que la découverte de l'hélice comme puissance motrice pour les navires.

Par contre, si ma brochure parvenait à fixer l'attention patriotique de la France, elle serait le sujet de profondes méditations en Angleterre et, à la suite de celles-ci, voici ce que ferait le cabinet de Saint-James. Un ingénieur anglais, sous l'habit d'un touriste ou bien encore sous la forme d'un homme grand et pâle, se disant atteint d'hypertrophie de l'aorte ou du spleen, prenant homœopathiquement de la digitale pour calmer ses palpitations ou du quinine pour diminuer le volume de sa rate, se logerait à Toulon ou dans ses environs, et il tiendrait son gouvernement parfaitement au courant de tous les travaux qui s'exécuteraient autour de nos fortifications et ce ne serait que lorsque la Grande-Bretagne aurait la conviction que Toulon est inabordable et semblable à Cronstadt qu'elle renoncerait à condamner à mort les arsenaux de notre cinquième préfecture maritime.

Dans la circonstance où la supériorité du jugement du gouvernement de Sa Majesté Napoléon III daignerait approuver l'existence de cette digue comme rempart infranchissable et préférable à toutes les lignes d'embossage, elle serait construite sur le plan de celle de Cherbourg, et on aurait de plus la conviction qu'elle ne tomberait jamais impunément entre les mains d'un ennemi qui serait promptement mutilé par les batteries plongeantes du cap Brun, des batteries rasantes qui seraient à ses pieds, du fort de la Malgue et de son redan, et les feux obliques de la Grosse-Tour ; en effet, les forts de Querqueville, de l'île Pelée, du Roule ne sauraient être comparés au cap Brun restauré, ni au fort de la Malgue. A chaque, ou seulement à l'une des extrémités de la digue on construirait un petit bassin pour y loger les bateaux-pilotes chargés de rentrer les navires qui viendraient du large.

Au milieu de chaque chenal, formé par les extrémités de la digue et du continent, surnageraient des bouées en liége surmontées d'une cloche à l'anglaise, laquelle avertirait du passage clandestin d'un navire pendant la nuit. Si cette digue ne devait avoir qu'un passage, il conviendrait que celui-ci fût placée du côté de la Malgue. Enfin on établirait des feux mobiles pour éclairer les travailleurs pendant la nuit.

Le matériel, c'est-à-dire les pierres pour former les blocs de béton, serait tout au voisinage de la poudrière de Lagoubran. En face de celle-ci on mouillerait un bagne dont les condamnés descendraient à terre pour convertir les cailloux en petits fragments. On mettrait, pour transporter ces blocs à leur destination, les procédés simples dont on use à Alger. Leur confection ne serait point confiée à l'industrie privée, car je me suis aperçu que ces roches artificielles étaient mieux consolidées à Alger et à Cherbourg qu'elles ne le sont à Marseille. En effet, l'usure produite par la violence de la mer est nulle dans les deux premiers ports, elle est déjà au contraire appréciable entre Saint-Jean et l'entrée du nouveau port de Marseille.

Ainsi, si la jetée de Marseille était battue par une mer

aussi impétueuse que celle qui attaque de front et tous les jours, avec la puissance colossale du flot, la digue de Cherbourg (mer du nord) ; ou aussi violente que celle qui se rue sur la digue d'Alger (mer du nord-est), la digue de Marseille, dis-je, réclamerait de colossales réparations d'ici à peu d'années.

En général, les gouvernements n'ont jamais eu à se louer, sauf quelques rares exceptions, de certaines commandes faites à l'industrie privée, et entre mille exemples, je citerai l'abandon que l'Angleterre est obligée de faire, touchant les canonnières défectueuses confectionnées par le commerce pendant la guerre de Crimée.

CHAPITRE XV.

Comparaison entre une digue semblable à celle de Cherbourg et une ou plusieurs digues mobiles représentées par des frégates ou vaisseaux cuirassés à vapeur.

En proposant respectueusement au gouvernement de créer, en temps de guerre, une ou plusieurs lignes d'embossage : 1° entre la rive de la Malgue et celle de Saint-Mandrier; 2° en dedans de la Grosse-Tour et de l'Aiguillette, elles ne pourraient être opérées que par des frégates ou des vaisseaux cuirassés; mais ce serait autant de na-

vires de combat dont on priverait une expédition quelconque. On laisserait donc alors l'Angleterre libre avec ses franches coudées, et cependant la France se trouverait alors à choisir entre ces deux alternatives, ou bien de se priver de plus de vingt navires de haut bord pour organiser ces deux lignes d'embossage, ou bien en se servant de cette flotte pour le salut d'Alger et de la Corse, de laisser la porte ouverte à l'ennemi qui renouvellerait, sur une plus vaste échelle, les incendies de 1692 soit à La Hogue, à Cherbourg, dans lesquels furent consumés 15 vaisseaux de l'amiral Tourville, soit les désastres qui, en 1793 et à Toulon, nous coûtèrent 42 bâtiments de l'État, soit ceux de la rade de l'île d'Aix (Rochefort) où périrent, le 12 avril 1808, 4 vaisseaux de ligne.

En second lieu, dans le cas où la première ligne d'embossage aurait été forcée par la division de l'avant-garde de l'armée composée de 9 vaisseaux, qu'arriverait-il? Pendant que la deuxième ligne de 11 vaisseaux et la troisième de 10 viendraient fondre sur notre deuxième ligne d'embossage, assise en travers de la Grosse-Tour à l'Aiguillette, une autre division anglaise comptant 20 frégates à hélice, conduite par le vaisseau l'*Agamemnon*, captureraient nos frégates cuirassées désemparées de notre première ligne et avec cette rapidité dont les Anglais seuls possèdent le secret, remplaçant nos équipages faits prisonniers par les leurs, emploieraient à la destruction de Toulon nos propres frégates cuirassées, et par conséquent contre l'attaque de notre deuxième ligne d'embossage.

Quant aux frégates cuirassées françaises dont les Anglais n'auraient pu se rendre les maîtres, à cause de leur échouage sur les rives du goulet, ils y mettraient le feu et s'ils n'y parvenaient pas, ce seraient autant de balises

ou de cadavres presque indestructibles, vrais monuments
élevés au triomphe de l'Angleterre et qui nous rappel-
leraient, à chaque instant du jour, des revers inouïs et
notre honte.

Voilà la toile levée, le drame se consommerait-il, les
arsenaux de Toulon seraient-ils brûlés? Je répondrai affir-
mativement, d'après l'état actuel où se trouvent nos citadelles continentales. Je répondrai négativement, si Sa Majesté Napoléon III daignait les prendre sous sa tutelle, et
les faire passer de leur état présent d'anémie à cette exubérance de force dont elles auraient un urgent besoin
pour tenir tête à un ouragan enfermé silencieusement dans
les entrailles de la Grande-Bretagne, ou dans les laves en
ignition contenues dans les cales d'une flottille à vapeur
de brûlots ou de machines infernales.

Quand, les cartes à la main, on compare les terribles fortifications dont les abords de Sébastopol étaient hérissés
avec celles qui se trouvent semées sur le littoral du goulet
de Toulon, on comprend, dans le premier cas, l'impossibilité des escadres combinées d'avoir pu pénétrer dans la
place russe, comme on gémirait d'avance sur les désastres
qui accableraient Toulon quelques mois après une déclaration de guerre entre la France et l'Angleterre.

Tout ce qui est précaire est toujours fort cher; j'en
apporterai en preuve l'anéantissement de cette flotte blindée
qui n'aurait pas coûtée à l'État moins de 60 à 70 millions
(une frégate cuirassée était évaluée à 6 millions de francs)
qui est le prix de revient de la digue de Cherbourg. A ce
rempart éphémère, ligne d'embossage, et à titre de sujet
dévoué à mon souverain et à mon pays, j'oserai proposer,
avec le plus grand respect, à Sa Majesté Napoléon III, de
le remplacer par un monument plus durable et en même

temps plus digne de son nom et de la nation qui lui accorde toute sa confiance, qui le remercie de protéger ouvertement une noblesse de nouvelle création, le tiers état, qui n'est autre chose que le peuple ennobli par le talent ou par le patriotisme. Noblesse que tous les souverains de l'Europe seront contraints d'accorder à leur peuple ; car ils la demandent à grands cris, attendu qu'ils réclament, chez eux, l'application des principes immortels de 89 qui ont fait et qui font la force, la gloire de l'empereur Napoléon Ier, de l'empereur Napoléon III, devant lesquels je me découvre avec vénération et qui font aussi le bonheur du peuple français.

Quel serait donc ce monument ?

La répétition à Toulon de la digue de Cherbourg, s'étendant transversalement dans le goulet, ayant pour limites les points que j'ai désignés plus haut, afin d'avoir une plus grande surface d'eau entre la digue et le fond du goulet, et pouvoir ainsi ensemencer une foule de corps morts symétriquement alignés tant sur la côte de la Malgue que sur celle de Saint-Mandrier, où viendraient s'amarrer les navires en partance. Ainsi, de même que Napoléon Ier aurait fait surgir des abîmes de l'Océan l'arsenal et la jetée de Cherbourg, de même Sa Majesté Napoléon III aurait fait sortir des eaux de la Méditerranée l'arsenal de Castigneau, le bassin du creux Saint-Georges, par souvenir d'une sainte mémoire, le havre Napoléon III. Comme gardiens, d'imposantes forteresses, bien faibles à cette heure, quand on les compare à celles de Sébastopol et de Cronstadt, et comme couronnement de tant d'œuvres utiles à la marine, à la France, la digue de Cherbourg !

Encore un mot, mes amis, sur l'Angleterre, avant de nous faire soldat.

La Sabine, *l'Iphigénie*, *le Suffren* et aujourd'hui *le Montébello* pour Toulon et *l'Inflexible* pour les côtes de l'Océan, comme navires écoles et tour à tour, prouvent à l'Angleterre que l'empereur Napoléon III ne voudrait plus, dans de prochaines rencontres, laisser égorger impunément les équipages français.

Quelles seraient donc les modifications que la Grande-Bretagne apporterait à sa tactique navale? Puisque vous ne les connaissez ni les uns ni les autres, je vais vous l'apprendre, attendu que j'ai pénétré seul dans les archives secrètes de leur cabinet :

La tactique de l'Angleterre ne consisterait plus, comme jadis, à tenir en mer de grandes escadres qui seraient mixtes, mais bien à préparer à Porsmouth et à Aurigni contre Cherbourg, à Plymouth contre Brest (Falmouth n'étant qu'une crique insignifiante pour recevoir les charbons, l'étain et l'arsenic de la vallée de Cornouaille), à Malte et Gibraltar contre Toulon, des expéditions effrayantes pour torréfier nos trois plus grandes préfectures maritimes ou pour ensevelir dans nos propres rades et ports nos vaisseaux ainsi que nos équipages, et finir ainsi par un coup de tonnerre. Voilà les plans qui existent à l'état latent dans les archives secrètes du conseil de l'amirauté de Londres.

Quand le cabinet Russell-Palmerston criait au secours contre une descente de l'armée française, il n'y croyait pas lui-même. Il rêvait une invasion, il est vrai, mais une invasion contre les trois grands ports de France que je viens d'énumérer; car les préparatifs que l'on fait en Angleterre, n'ont pas d'autre but pour pouvoir se saisir plus facilement ensuite de l'Égypte.

En criant ainsi, presque au meurtre, le peuple s'est ému, et de gré ou de force le gouvernement de Londres a obtenu des centaines de millions pour des fortifications. Puis, pour subvenir à l'entretien, en cas de besoin, de 150,000 volontaires appelés à les défendre. Dans la pensée du cabinet anglais, ces fortifications pourraient bien n'être pas de saison, mais elles ont été utiles pour créer une landwehr, et ce serait avec elle, mélangée avec des régiments de ligne, que l'on formerait des brigades qui accompagneraient les escadres parties de Plymouth, de Porsmouth, d'Aurigni, de Gibraltar et de Malte!

Eh bien! mes chers compatriotes, que pensez-vous de nos voisins et de ma vue? Ah! c'est que la presbytie n'arrive qu'avec les cheveux blancs, excepté pour les myopes qui le sont toute leur vie; je ne parle ici qu'au figuré.

L'Angleterre a une juste renommée pour le fini des instruments d'optique, et c'est avec des pièces relatives à ce sujet, que j'ai achetées à Gibraltar, que j'ai confectionné une longue vue dont je vous permets de vous servir.

Quelle est votre opinion sur ces deux colonnes de nuages chargés les uns d'électricité positive, les autres d'électricité négative, que l'on aperçoit à l'horizon? Je vais vous dire la mienne d'abord. C'est l'emblème de la France forte, mais indignée, modérée d'un côté, de l'autre l'Angleterre courroucée, qui voudraient s'entre-déchirer en entraînant dans leur orbite une portion ou plutôt toute l'Europe. Grâce aux efforts de deux grands souverains, Sa Majesté Napoléon III et l'empereur Alexandre II, il faut l'espérer, nous ne serons pas les témoins d'un pareil cataclysme. Découvrons-nous devant eux en demandant à Dieu de leur continuer sa protection sainte. Oui, de les protéger contre le machiavélisme occulte qui a convulsionné l'Italie, approuvé tacitement les massacres de Syrie dont il est le complice, et qui, à cette heure, se réjouit de l'égarement

de ces malheureux Polonais. Cette main invisible et fratri-
cide qui ne voudrait pas plus de la réconciliation de la Russie
avec la Pologne, qu'elle ne voudrait la réconciliation de la
dynastie napoléonnienne avec les peuples de l'Europe.

Demandons à Dieu d'éclairer les Polonais sur leurs véritables intérêts, et à l'empereur Alexandre II, qui est rempli
de si nobles intentions à leurs égard, d'être généreux.

CHAPITRE XVI.

De l'imitation du camp de Vérone ou d'un grand camp central retranché au nord de Toulon.

Prenons le mousquet, faisons-nous soldat et défendons
Toulon sur le continent.

Un observateur attentif qui, après avoir parcouru les
environs de Toulon, établirait son quartier général au fort
de la Malgue pour s'y livrer à de sérieuses méditations,
écrirait sans doute les pages suivantes :

De quelque côté de l'horizon que l'on jette les regards,
on voit s'élever des fortifications que l'on devrait organiser
non-seulement pour rendre Toulon inexpugnable, mais
même inabordable. Silistrie a été inexpugnable, mais non
inabordable, puisque les Russes en ont fait le siége. Pour

la sûreté de Toulon il ne faudrait pas même que l'ennemi pût pointer un seul mortier sur les précieux dépôts renfermés dans les arsenaux maritimes.

L'armée ennemie étant nombreuse, les défenseurs de Toulon devraient l'être aussi. Ce cas advenant où logerait-on nos troupes? Que l'on regarde à l'est du côté de la Valette, à l'ouest sur la route d'Ollioules on ne voit qu'agglomération, sans ordre, de maisons, dont un grand nombre sont dégoûtantes, habitées par une population presque toute destinée à servir de pâture au typhus et à la dyssenterie en cas de siége. Serait-ce pour de pareils réduits que l'on donnerait des billets de logement? L'humanité comme les intérêts de la France s'y opposeraient.

De même que l'établissement des chantiers de construction du Mourillon ont fait naître à l'est le faubourg de Saint-Jean-du-Var, au sud-est celui du Mourillon, que l'inauguration de l'arsenal grandiose de Castigneau, décrété par Sa Majesté Napoléon III, a fait surgir à l'ouest et avec accroissement, les faubourgs du Pons-de-Las et de Navarin; de même la nouvelle ville qui va apparaître entre la porte Notre-Dame et celle de France suggérera, à un moment inattendu, l'idée de bâtir un nouveau faubourg qui serait une nouvelle calamité, celles qui existent à cet égard aux environs de Toulon, étant déjà trop nombreuses.

Un quadrilatère, d'une étendue en longueur de 4 kilomètres, d'une largeur de près de 3 kilomètres, s'élève en amphithéâtre au-dessus de Toulon. Ce terrain fait face au sud, il est borné au nord par une chaîne de montagnes, au sud il est limité par les nouveaux remparts de Toulon, tandis qu'il est ouvert à l'est et au nord-ouest, circonstance heureuse qui établit un courant d'autant plus salutaire que le vent régnant du pays (nord-ouest ou mistral, ou grand ventilateur) est presque toujours saturé de beaucoup d'oxygène. C'est un vent sec, sain, c'est à lui que les habitants de Toulon, malgré leur insouciance, doivent de ne pas être visités chaque année au mois d'août par des fièvres pestilentielles.

À part un petit hameau, appelé Claret, à l'agrandissement duquel on s'opposerait immédiatement et qu'on laisserait en amont, tout l'espace que je viens de circonscrire n'est peuplé que de quelques petites maisons demi-bourgeoises et d'exploitations attenantes à chaque immeuble. Tout ce terrain est graveleux et complanté d'oliviers. L'eau de la pluie n'y fait jamais de mares, et en conséquence peu de boue. Presque toutes les maisons ont des citernes ou des puits dont l'eau est d'une excellente qualité qui dissout le savon et fait cuire les légumes. Leur nombre serait accru en proportion des besoins de l'armée. Celle-ci campée sur un plateau, que l'on dirait avoir été créé exprès par la nature, aurait un pied dans la montagne, l'autre dans la ville ; un œil sur le fort d'Artigues, pour voir ce qui se passerait à l'est du côté de la Valette, le second sur le fort Rouge pour surveiller l'embouchure de la vallée de Dardennes au nord, ainsi que le terrain au sud et à l'ouest compris entre la rivière Neuve (torrent) et le fort Malbousquet.

Les vivres, les munitions de guerre, l'artillerie, les chevaux de l'armée tout serait là en lieu de sûreté à nul autre pareil.

Ce serait enfin une répétition du grand camp de Vérone. Placée en dedans des grandes lignes fortifiées, cette armée se garderait elle-même en s'entourant au sud, à l'ouest et à l'est de fossés de 25 mètres de profondeur et sur toute la lisière desquels on construirait, à la distance de 500 mètres de grands blockhaus en terre à trois faces, ouest, nord et sud, semblables à ceux que l'on a élevés soit dans la province d'Oran, soit dans la grande Kabylie.

Des caronades ou canons courts à large gueule, seraient délivrées par l'arsenal maritime pour l'armement de ces fortins. Ici, comme pour toutes les autres fortifications de Toulon, les soldats seraient heureux, moyennant une trop légitime rétribution, de travailler à l'accomplissement des volontés de leur souverain. On ne s'adresserait point à des ouvriers civils, on écarterait ainsi de Toulon une population mâle qui, finissant par s'y fixer, deviendrait un jour un fardeau soit en temps de guerre, soit en temps de paix, si par des motifs imprévus le gouvernement était contraint de diminuer le nombre des travailleurs.

Assise au centre et dans un lieu unique, cette armée rayonnerait avec plusieurs clefs fortifiées, à l'aide d'une voie de 200 mètres de largeur au nord-ouest, mais longeant la montagne pour n'avoir pas de voisins en deçà d'elle, cette armée, dis-je, se mettrait en contact avec le fort Rouge préposé au nord pour la garde de la vallée de Dardennes.

Toutefois, je dirai que le fort Rouge, à cette heure, serait d'une faiblesse extrême s'il s'agissait, conjointement avec le fort Malbousquet, de déloger une brigade ennemie qui, dans la nuit se serait retranchée en dedans comme en dehors d'un torrent appelé rivière Neuve ; et de même que le fort actuel du cap Brun, lorsqu'un navire vient du large, fait à celui-ci l'effet d'un monastère plutôt que d'une citadèle, de même le fort Rouge vu extérieurement paraît bien peu important. Examiné intérieurement le dernier ne répond point à l'idée que l'on devrait se faire d'une citadelle dont le devoir serait en outre d'arrêter une division qui viendrait pour la prendre à revers, et qui pendant la nuit aurait suivi la vallée de Touris et de Laripelle.

Si le fort Rouge, ainsi que d'autres fortifications que j'ai visitées, offraient un fini désirable, on pourrait y loger de nombreuses garnisons, et lorsque les troupes reviendraient de l'Afrique, de Rome, de l'Italie, etc., on les y enverrait au lieu de leur donner des billets de logement pour des localités dans lesquelles ne sont pas toujours mises en pratique les lois de l'hygiène.

A l'est, avec une voie de 200 mètres de largeur, l'armée se mettrait en relation directe avec le fort de Sainte-Catherine, sis sur la route de la Valette et celui d'Artigues perché sur un mamelon plus élevé.

Ces deux derniers forts, conjointement avec celui du promontoire de la Malgue, ont évidemment pour consigne de couvrir Toulon du côté de l'est. Tels qu'ils sont ils ne paraissent pas être à la hauteur d'une pareille confiance. Mais pour y arriver, les deux premiers sembleraient attendre les travaux que voici : leur agrandissement devrait être tel que leurs arêtes viendraient mourir sur les bords du chemin de fer qui les sépare. Un fossé de 25 mètres à l'est leur servirait de ceinture. Sur le front est le fort Sainte-Catherine a un modeste fossé et au delà n'est possesseur que de quelques mètres de terrain ; il n'a pas de fossé sur son front ouest. Mais bien plus, c'est que, de ce côté, on a laissé bâtir des maisons à une trentaine de mètres des angles du rempart.

La terre que l'on retirerait de ce curage, surtout en partant du chemin de fer jusqu'aux pieds du fort d'Artigues, ne présenterait qu'une immense batterie en terre, dont les embrasures assez larges permettraient l'usage des feux obliques et horizontaux, avec des angles saillants, donnant sur les fossés pour fusiller l'ennemi qui tenterait l'escalade ; et si j'insiste fortement sur des renforts à donner au fort d'Artigues, c'est que, dans l'état actuel, il serait capable de si

peu de résistance, que si un ennemi audacieux, conduit par
un traître, s'en emparait pendant une seule nuit, ce temps
lui serait plus que suffisant pour brûler, à l'aide de fusées
à la congrève, les immenses chantiers de construction du
Mourillon.

Assurément à la pointe du jour le fort la Malgue, à l'aide
de son feu plongeant, en chasserait l'étranger, mais cette
courte occupation n'en aurait pas moins anéanti des richesses incalculables.

Le génie élève, à grands frais, sur une partie des nouveaux remparts de Toulon, d'immenses cavaliers en terre
pour battre ou intimider, qui? On concevrait l'utilité de pareils cavaliers, si Toulon était bâti et entouré d'une plaine
basse que la ville dominerait alors. Mais c'est le contraire
qui a lieu ; Toulon est commandé au nord par une chaîne
de montagnes qui s'élève en amphithéâtre, à l'est, du côté
de la Valette, par le fort de Sainte-Catherine, mais surtout
par celui d'Artigues, au nord par le fort Rouge, au sud-est
par celui de la Malgue, au nord-ouest par Malbousquet.
C'est là et non point ailleurs, que des milliers de pics et
de pelles maniés par nos soldats, dirigés par un second
Totleben, je ne dis pas qu'il ne puisse en exister en France,
convertiraient ces points en régions inabordables. Hors de
là point de salut pour Toulon.

Le plan des fortifications à la main, il est trop facile de
prouver que jamais l'ennemi ne viendra s'engager entre le
fort d'Artigues et la porte Notre-Dame de Toulon pour attaquer le grand cavalier de celle-ci, puisqu'il se mettrait entre
deux feux. Les assaillants s'empareraient avant du fort
d'Artigues et alors à quoi servirait le cavalier qui flanque
la porte Notre-Dame. Maîtres du fort d'Artigues à l'est, du
fort Rouge au nord, Toulon serait obligé de capituler, car

ce serait peut-être en vain qu'on chercherait à les reprendre.
N'oublions pas la leçon que les Russes reçurent à Malakoff,
c'est-à-dire l'impossibilité de reprendre une clef qui a amené
la perte de la plus grande place de la mer Noire.

Je viens de dire plus haut que dans le cas où le fort d'Artigues serait au pouvoir de l'étranger, le fort de la Malgue
l'en chasserait. Mais ce n'est pas bien sûr. En effet, le 7 juin,
les Français s'emparèrent du mamelon Vert et, vu l'importance de ce point, le maréchal Pélissier a ordonné de tenir
malgré les pertes que la tour Malakoff, peut-être même le
grand Redan, nous faisaient essuyer. La prise du mamelon Vert
dans le mois de juin nous a facilité l'approche de la tour de
Malakoff, enlevée le 8 septembre 1855, au cri de *Vive l'Empereur !* Raison de plus pour consolider par de nouveaux
travaux la puissance du fort d'Artigues qui, aujourd'hui,
n'est autre chose qu'un squelette.

Donc, toujours conséquent avec mes principes, je ne cesserai de répéter que les cavaliers que l'on doit chercher à
rendre inabordables et les véritables sauveurs de Toulon sont
dans les mornes, saturés de canons rayés, qui dominent cette
ville, et non les cavaliers et batteries de ses remparts, que
les feux d'Artigues, de Ste Catherine, de la Malgue, du fort
Rouge et de Malbousquet réduiraient en quelques heures
au silence, mutisme que l'ennemi ferait suivre bientôt de
l'incendie de nos poudrières, de nos navires désarmés, de
nos magasins, etc., etc.

Cependant, après un examen bien approfondi de toutes
ces localités, que je connais dans leur moindre détail, je
concevrai un ou plusieurs grands cavaliers en terre à l'ouest
de Toulon, entre Malbousquet et la porte de Paris, attendu
que la nature ici, a été moins généreuse dans sa protection
qu'elle ne l'a été vers l'est, c'est-à-dire sur la route de la

Valette, dite encore route d'Italie; raison de plus pour convertir le fort Rouge en un véritable fort de la Malgue, car de même que celui-ci protége le Mourillon et le goulet qui conduit en rade, de même le fort Rouge et son partenaire Malbousquet seraient les véritables tuteurs des arsenaux de Castigneau et de la vallée de Dardennes.

Relativement à Malbousquet et comme solide corps de garde préposé directement à la conservation du grand arsenal, ces possessions vers le nord et vers l'ouest ne devraient avoir pour limites ou pour fossé que le torrent appelé Rivière neuve en partant du pont de la Seyne jusqu'à la mer, en face de la poudrière.

CONCLUSION.

1° Le creux Saint-Georges transformé en un bassin large, profond, long surtout, bordé d'une voie de 20 mètres de largeur d'une indispensable nécessité au centre de la presqu'île de Saint-Mandrier, comme souvenir d'une sainte mémoire et comme point de ravitaillement pour les garnisons d'un morne à l'est appelé la Croix des Signaux et des batteries rasantes qu'il a à ses pieds, ainsi que comme lieu de débarquement pour des régiments français atteints par le typhus ou par le choléra.

2° Le bassin non moins grandiose, appelé port de Sa Majesté Napoléon III, à l'ouest de cette même presqu'île, comme artère nourricière de la garnison du fort Saint-Elme et en temps de guerre du camp, dit des Sablettes.

3° Une voie de ceinture de 20 mètres de largeur, longeant la mer à la distance de 5 mètres, parcourant tout le littoral depuis le havre Napoléon III jusqu'au creux Saint-Georges pour se continuer de celui-ci aux pieds de la muraille crénelée qui tombe perpendiculaire de la Croix des Signaux à un blockhaus en pierre élevé à quelques mètres au-dessus du niveau de la mer.

3° Une digue, qu'on ne pourrait comparer qu'à celle de Cherbourg, s'étendant, pour la partie nord du goulet, d'un point placé entre le cap Brun et le fort de la Malgue à un point diamétralement opposé à 200 mètres environ en avant et vers le sud-est de la chute à la mer de la muraille crénelée de la presqu'île de Saint-Mandrier, c'est-à-dire en dedans du goulet. La convexité de cette digue regardant la mer du large.

5° La transmutation du fameux Fer à cheval, borné par l'Aiguillette et Balaguier, en une forteresse de 300 pièces de canon, étagées les unes au-dessus des autres, sur un amphithéâtre admirablement placé, faisant front à l'est, dont la vue embrasse toute l'étendue du goulet et sur ce point que la France peut considérer, sans illusion, comme un véritable tribunal de guerre où se jugera, dans un temps plus ou moins éloigné, la destinée des arsenaux de Toulon, et pour défendre en même temps la deuxième ligne d'embossage.

Une voie de 1 kilomètre de largeur et d'une longueur de près de 4 kilomètres, avec un armement de 200 pièces de canon, correspondant aux batteries rasantes de la côte de Saint-Mandrier, reliant le fort de la Malgue, son redan et le cap Brun, voie et batterie établies sur un plan non moins redoutable que celui que les Anglais ont donné à cet alignement de pièces d'artillerie situées sur la presqu'île de Gibraltar, en face de la baie d'Algésiras.

7° La création d'un grand camp retranché au nord de Toulon pour y loger les défenseurs de cette place.

8° Des additions colossales accordées au fort Caire dit de Napoléon Ier pour le rendre digne de ce nom, soit en coopérant à arrêter la marche en avant d'une escadre anglaise engagée dans le goulet de Toulon, après que celle-ci aurait détruit notre première ligne d'embossage et s'appréterait à briser la deuxième, soit encore pour harceler cette escadre pendant sa retraite. La rendre impossible ou grandement désastreuse, et de plus balayer les bombardes anglaises alignées en dehors des Sablettes, protégeant ainsi le camp du même nom.

9° Substituer au Champs de Mars de ce jour une plaine militaire plus en rapport avec une grande place forte.

10° La création de grands établissements pour y loger les premières autorités de l'armée continentale et de la marine impériale.

Enfin le regard protecteur de Sa Majesté Napoléon III qui quintuplerait la prépondérance des forts Rouge, cap Brun, d'Artigues, Napoléon, Redan, Malbousquet en étendant les limites de celui-ci jusqu'au torrent appelé Rivière neuve en partant d'un point, dit de la Seyne, jusqu'à la mer, de toutes les forteresses enfin que j'ai passées en revue dans le cours de ce mémoire, force dont elles manquent présentement et qui, une fois acquise, convertirait Toulon en un rassemblement de chefs-d'œuvre de défense, et ce avec le bon vouloir de nos soldats. Sans cela une bataille, perdue par l'armée française, dans les plaines qui s'étendent de la Valette à la Garde et à Hyères, serait suivie trois jours après de la prise de Toulon. Ce sont les courtisans qui perdent quelquefois les souverains et les nations, ce sont les gens de cœur qui coopèrent à sauver les uns et les autres en leur disant la vérité au risque d'être matraités par des présomptueux ou par des aveugles.

En 1803, un décret de l'empereur Napoléon Ier portait la garnison de Cherbourg à 3,000 hommes pour fournir les travailleurs nécessaires pour la construction d'un avant-

port et d'un bassin capable de contenir douze vaisseaux.

En 1809, 8,000 prisonniers espagnols furent envoyés à Cherbourg pour travailler à ce port dont la dépense aujourd'hui dépasse 100 millions de francs et celle de la digue 70 millions de francs, sans y comprendre l'armement.

Sans doute que l'accomplissement de tant de travaux à Toulon demanderait des sacrifices énormes de la part du Trésor, mais quand on songe aux préparatifs formidables que l'Angleterre, au nom de la paix, mais qu'elle veut imposer et sans nul doute au détriment d'autrui, accumule contre nous d'un côté, de l'autre à un matériel naval s'élevant à plusieurs milliards et qu'il s'agirait de le mettre en sûreté contre des moyens incendiaires combinés avec un art infini; on est autorisé à croire que Sa Majesté Napoléon III daignera accorder sa bienveillante attention à un mémoire écrit par un ancien serviteur, décoré de la Légion d'honneur, et qui, par cela même, bien qu'il soit en retraite, ne se croit nullement quitte envers son auguste souverain et sa patrie.

Si, des *bellicosi di prima qualità*, de la nature de ceux qui, en présence d'une table bien servie et d'un baromètre annonçant le beau temps fixe, feraient la conquête du monde, enlèveraient à l'abordage un vaisseau ennemi, monteraient à l'assaut d'un place de guerre, à la condition que les garnisons de ces deux citadelles seraient asphyxiées par le chloroforme, trouvaient mes propositions de défense surannées, je leur rappellerai :

1° Que l'escadre anglaise, telle que je l'ai désignée précédemment, aurait à sa tête des amiraux d'un grand mérite, secondés par des capitaines d'élite et des états-majors dévoués ;

2° Des équipages bien exercés ;

3° Que cette flotte disposerait de 3,200 pièces d'artillerie d'un puissant calibre parmi lesquelles 40 mortiers.

Tandis que la côte de la Malgue, celle de Saint-Mandrier, le fameux Fer à cheval de Balaguier et le fort Napoléon donneraient, non pas d'après leur situation actuelle, mais d'après l'organisation que je propose, 900 pièces environ dont 60 mortiers.

Je passe sous silence les batteries établies en dedans de la Grosse-Tour, aux pieds de la mâture, celles qui sont alignées au parc à charbon, le long de Castigneau, car leur détonation ne serait autre chose que les honneurs funèbres rendus aux arsenaux de Toulon, vu que l'escadre anglaise aurait passé sur le ventre de notre deuxième ligne d'embossage.

Avant de nous séparer, encore un mot sur les quelques hommes qui, en Angleterre, pourraient nous être hostiles, et ce serait le dernier rébus que nous aurions deviné.

Il y a chez toutes les nations deux classes de prophètes, ceux de la veille qui sont rares et qui, écoutés, préviendraient beaucoup de malheurs, et ceux du lendemain qui sont innombrables, mais pour constater les faits et rien de plus. Mon mémoire n'aurait donc en vue que de réduire à néant les prophètes de cette dernière catégorie, en mettant Toulon sur un tel pied de défense, que l'ennemi ne songerait plus à le détruire.

Mais le plan d'attaque, dont on vient de prendre connaissance, serait-il le seul contre lequel le gouvernement devrait opposer des mesures? Non, on en formerait un autre qui serait promptement terminé après une déclaration de guerre. Bien plus, c'est que les gouverneurs de Gibraltar et de Malte surtout en recevraient aussitôt une copie touchant Toulon, comme les commandants d'Aurigny, de Plymouth, de Portsmouth en seraient également informés pour en user en temps et lieu contre Cherbourg et contre Brest. Quel serait donc cet autre plan ? Je ne puis vous le désigner ; toutefois je dois vous avouer que Cherbourg serait peut-être le port contre lequel des machines infernales de nouvelle invention, c'est-à-dire des brûlots à vapeur organisés avec un art infini, n'auraient aucun résultat, à la condition qu'on ajouterait quelque chose de bien important, touchant la sécurité de notre grand port militaire dans la Manche. Quel serait donc ce quelque chose ? Je ne le déposerai qu'en présence de mon gouvernement, si celui-ci daignait me faire l'insigne honneur de vouloir bien m'appeler auprès de lui, une carte à grand point de la rade, de la baie de Cherbourg déroulée sur une table.

Rappelez-vous, lecteurs sérieux, que tout ceci n'est point un roman, mais bien un grand drame qui se prépare et tel que l'histoire n'en aurait enregistré de pareil ayant pour théâtre les côtes de notre vieille Gaule. Faisons donc nos efforts pour le faire avorter.

Ou les Anglais nous haïssent ou ils nous méprisent ?

Ils nous haïssent lorsque nous secondons les efforts des grands souverains tels que Henri IV, Louis XIV, et surtout Napoléon Ier ou comme Sa Majesté Napoléon III qui voudrait porter la France à l'apogée de sa grandeur par son influence morale sur les peuples, comme pour lui faire restituer, à l'amiable, sa filleule la Belgique et les limites du Rhin, ou bien encore lorsque la presse leur rapporte un discours mémorable comme celui qui fut prononcé au Sénat le 2 mars 1861 par le prince Napoléon, d'où il faut conclure que leur amitié est quelque chose de purement illusoire.

Ils nous méprisent quand nous abandonnons, nous trahissons, nous combattons les armes à la main ou dans le silence des cabinets soit la mère patrie, soit les monarques qui font de notre prospérité le sujet des méditations de tous leurs instants.

Ils sont injustes dans le premier cas puisque nous ne troublons ni leur repos, ni leur commerce, ni leurs nombreuses possessions. Ils auraient raison dans le second puisque la trahison est inconnue chez eux. Sous Olivier Cromwell a-t-on compté des vaisseaux anglais qui aient fui ou qui se soient ralliés à l'escadre de l'amiral Tourville, en 1692, bien que des commandants anglais fussent portés pour le roi Jacques II ?

Connaissez-vous le motif de la colère rouge de quelques hommes en Angleterre contre la France de ce jour. C'est parce que Sa Majesté Napoléon III, dans sa haute sagesse, n'a pas voulu, en 1855, aller ensemencer les ossements d'une armée française dans les plaines glacées de la Russie. En un mot parce que l'Empereur s'est refusé de seconder les vues de ces hommes en Crimée et en Finlande, car leur calcul était de se servir de nous contre la Russie comme ils se sont servi de l'Europe, pendant près de vingt ans, contre Napoléon 1er et contre le premier empire.

Voilà pourquoi tant de philanthropes criaient, il n'y a pas longtemps encore, au secours de l'autre côté de la Manche.

Enfin la guerre de Russie terminée, ainsi que celle d'Italie, il semblait que la sagesse de l'empereur Napoléon unie à celle de l'empereur Alexandre II devait nous promettre une longue série d'années de calme ; eh bien ce calme, je crains que nous ne l'ayons point, car il pourrait arriver

qu'un cabinet anglais voulût, soit à l'aide de la Syrie, de
l'Italie, du percement de l'isthme de Suez, du pape surtout
qu'il repousserait de toute son âme, allumer une guerre religieuse et politique dans toute l'Europe, la convulsionner
et au milieu d'un déluge de sang s'emparer de l'Égypte.
Rappelez-vous des paroles sorties de la bouche de l'idole
du peuple français et d'un grand prophète à son lit de
mort, sur les rochers de Saint-Hélène, de Napoléon Ier
enfin. Voilà le rébus deviné, à quoi sont destinés les
quinze vaisseaux anglais à hélice, échelonnés entre Malte et
Corfou, auxquels se réuniraient promptement les frégates
et corvettes en vigie sur les côtes d'Italie ou de Levant.

Les Anglais aiment la gloire, mais parmi eux il en est qui
ont une sympathie ardente pour le bien d'autrui. Ont-ils
rendu le cap de Bonne-Espérance à la Hollande, l'île de
France au cabinet des Tuileries? Que n'ont-ils pas fait dans
l'Inde avant la dernière insurrection, à ces malheureux na-
babs qu'ils accusaient de troubler la limpidité des eaux du
Gange, et sans aller à plusieurs milliers de lieues des côtes
d'Europe, n'ont-ils pas Gibraltar qui appartenait à l'Espagne, les îles Normandes de l'autre côté du ras Blanchard,
dont-ils se serviront un jour pour menacer ou attaquer
Cherbourg, Malte qu'ils ne voulurent point rendre aux chevaliers et qui fut la cause en 1803 de la rupture du traité
d'Amiens.

Si tant de journaux anglais, qui ne sont après tout que
l'expression d'une grande partie de leur nation, se sont permis d'injurier à tort, et notre souverain et notre pays. nous
avons nous le droit d'éclairer nos concitoyens, et de même
que les crochets de la vipère et le venin de celle-ci sont
sans action sur une barre de fer, de même les calomnies
qui nous arrivent de l'autre côté de la Manche sont sans

action ni sur Sa Majesté Napoléon III, honoré et respecté de l'Europe, ni sur la nation française.

S'ils mettent leur flotte sur un si vaste pied, c'est pour y embarquer toute l'Angleterre non-seulement pour s'emparer de l'Égypte, après avoir incendié Cherbourg et Toulon surtout, mais aussi dans la crainte que l'Europe ne leur demande la restitution de tant de patrimoines dont ils sont les usufruitiers sans en avoir les titres de propriétaire légitime.

Ceux, parmi les Français, qui connaissent bien les Anglais, pourraient me dire que mes observations aussi justes que sévères arriveraient dans un moment inopportun, attendu que lord Palmerston, dans un banquet donné le 17 avril, à Londres, avait assuré que la paix ne serait pas troublée en 1861. Mais il ne vous a pas affirmé qu'elle ne le serait pas en 1862. D'ailleurs pourquoi tant de préparatifs militaires? Croit-on, ainsi que ceux qui partagent l'opinion relative à de grands armements en Angleterre, et ils sont nombreux du côté de la Manche, que la France ait oublié qu'à la suite de l'annexion et de la Savoie et du comté de Nice, on songeait à organiser une coalition contre nous ; qu'on a crié, chez eux, du haut de la tribune, au scandale parce qu'un grand souverain, à la tête d'une armée dévouée, déchirait avec la pointe de son épée les affreux traités de 1815 écrits sous leur dictée ; que ce même cabinet montrait une tendresse toute paternelle en faveur de la Suisse touchant le Chablay et le Faucigny ?

Qui a arrêté cette coalition la sage réponse de Sa Majesté Alexandre II :

Deux souverains, disait-il, sont libres d'échanger telle ou telle partie de leur territoire sans qu'il y ait motif pour cela de troubler la tranquillité de l'Europe ; et je crois que si ce n'était une mince différence dans l'exercice de la religion chrétienne des alliances de famille auraient peut-être eu lieu entre les deux cours. Voilà où l'animosité de l'Angleterre nous pousserait, et vous me diriez ensuite que les Anglais sont de profonds diplomates, que leur perspicacité politique est d'un demi-siècle en avant de la nôtre ? Dites-moi plutôt que leur haine contre nous les rendrait aveugles sur leurs propres intérêts.

Lord Palmerston nous dit dans le même discours qu'il justifie l'extension des forces militaires de l'Angleterre par la nécessité qu'il y a pour un pays qui veut la paix d'être en quelque sorte assez fort pour l'imposer. C'est ainsi que le gouvernement anglais raisonnait quand, dans son orgueil, il accordait la continuation de la paix à Napoléon Ier, à la condition que Malte ne serait point rendue aux chevaliers, ce qui a amené la rupture du traité d'Amiens en 1803, Malte qu'ils savent devoir leur être utile, dans un temps plus ou moins éloigné, comme place d'armes, tantôt contre Toulon, l'Égypte ou Constantinople.

Bien que quelques hommes n'aient pu parvenir, à leur grande douleur, à ameuter encore ni la Prusse, ni l'Allemagne contre nous, ils n'en désireraient pas moins montrer à l'Europe qu'ils n'auraient pas besoin de son secours pour nous réduire en interrompant notre commerce, en cherchant à incendier nos escadres dans nos propres rades, ainsi que le contenu de nos arsenaux. Deux choses les arrêtent : la résurrection de l'insurrection de l'Inde, qu'avec des agents secrets capables on pourrait faire fructifier, malgré toutes leurs précautions. La seconde c'est un doute, un grand doute qu'ils ne peuvent éclaircir touchant la pensée de Sa Majesté Napoléon III, honoré et respecté de l'Europe, qu'ils appellent l'homme mystérieux. Oui, cet homme mystérieux, dont la profonde sagesse a déjoué à Rome les espérances infernales de certains diplomates en Angleterre, touchant le siége de cette même ville en 1849.

Napoléon III, en effet, avait défendu expressément qu'il fût tiré même une seule bombe contre la capitale de la chrétienté. Que fût-il advenu si des obus avaient compromis la majesté de Saint-Pierre, de Saint-Jean-de-Latran, de Sainte-Marie-Majeure, du Vatican, du Quirinal, que le Saint-Père Pie IX, en rentrant dans Rome, y serait venu pour pleurer sur les cendres des plus beaux monuments du globe, élevés sur cette terre en l'honneur du créateur de toutes choses. Ah ! combien eût été doublement grande la joie de l'Angleterre protestante de voir Napoléon III maudit en Espagne, en Belgique, dans le Liban, l'Abyssinie, en France, chez tous les peuples enfin qui appartiennent à la communion romaine; de voir, je le répète, un Napoléon, dont le nom dépasse de toute la hauteur des pyramides, ce que l'orgueilleuse et perfide Angleterre et toutes les nations modernes enfin ont produit de grand, de l'avoir vu maudire, malédiction qui ne se fût pas plus séparée de son nom qu'elle n'a abandonné depuis des siècles le nom atroce d'Attila.

Ah ! que la résistance d'Antonelli aux sages conseils du pieux empereur Napoléon III est agréable à l'Angleterre; ce qui m'étonne, c'est que dans des meetings il n'ait point été proposé de lui offrir le titre de citoyen anglais.

Savez vous à quoi on pourrait comparer la situation présente de la France et celle de l'Angleterre? A celle de deux combattants ayant une connaissance égale du maniement des armes blanches. Le tronc effacé, le coude au corps, une large ligature au bas de leur avant-bras pour augmenter la force musculaire de leur poignet, la pointe des armes visée sur la ceinture, marchant tantôt l'une contre l'autre, s'arrêtant ou rompant et dans cette retraite simulée épier le moment pour fondre sur celle qui se serait découverte un instant; est-ce une erreur d'optique? Quant à moi j'estime que la France est immobile, au port d'arme il est vrai, pour éviter d'être traversée par l'épée acérée de l'Angleterre.

Le conseil de l'amirauté, ainsi que le ministère de la guerre à Paris, pourraient me proposer la solution de la question suivante :

Les plans, dites-vous, de destruction qui sommeillent en Angleterre pour se réveiller à un moment aussi inattendu que le fut celui de la rupture du traité d'Amiens en 1803 contre le commerce, ét aujourd'hui de plus contre les ports de guerre de la France à l'aide de flottilles infernales ou brûlots à vapeur, étant connus de vous, quels seraient les moyens pour les faire avorter? Quel plan de campagne formuleriez-vous pour résister à un ennemi que vous supposeriez être aussi astucieux qu'implacable, si certains hommes arrivaient au pouvoir.

Outre Toulon, Brest et Cherbourg, n'y aurait-il pas des mesures de sûreté à mettre en usage aussi à l'embouchure de la Charente et du Blavet pour préserver Rochefort et Lorient ?

Le Havre ne mériterait-il pas votre sollicitude, à cause de Paris, sur lequel l'Angleterre pourrait, à l'aide de ses volontaires mélangés avec des troupes de ligne, tenter une diversion dans le cas, ou Sa Majesté Napoléon III, renouvelant la bataille d'Iéna, marcherait droit sur la capitale de la Prusse ?

Je répondrai à toutes ces questions en disant qu'il est des moyens de défense et d'attaque que l'on peut publier, mais qu'il en est d'autres dont la période d'incubation doit durer pendant la période de paix, pour ne faire irruption qu'au moment où le tambour bat et la trompette sonne, et je le dis ici, avec une conviction profonde, à la face du ciel et des hommes, tout mépris que l'on ferait des moyens de défense que je publie pour Toulon, et de ceux encore inédits touchant Toulon, Brest et Cherbourg, moyens dont la découverte m'appartient et jusqu'à ce jour à nul autre, coûterait à la France des torrents de sang, de larmes et enfin de regrets superflus, car les Anglais, qui sont des hommes d'action, voudraient convertir nos ports et nos rades en de véritables tombeaux. Leur tactique future étant de renoncer à croiser pendant des années en vue de nos côtes pour nous remémorer, sur une échelle incalculable, les flammes de la Hougue, de Cherbourg, de l'île d'Aix et enfin celles de Toulon en 1793.

En même temps le ministère de l'intérieur ne saurait avoir trop d'agents dévoués et intelligents à ses ordres pour découvrir tout ce qu'on pourrait tenter sur la personne de l'empereur Napoléon III et sur toute sa famille.....

L'éducation militaire pratique du personnel de notre marine étant calquée sur le modèle de la marine anglaise, la tactique de la France se refusant à accepter de grandes batailles, ainsi que les bâtiments des combats partiels, jusqu'à la limite où l'honneur du pavillon serait compromis ; incendier en mer les prises ou les saborder sous le vent, pour les faire couler plutôt, après s'être emparé de l'or ou de l'argent et surtout de la correspondance pour découvrir dans celle-ci des projets contre nous, une course à outrance sur les flottes marchandes anglaises, le charbon ne nous faisant pas défaut, des lettres de marque étant délivrées, une vigilance active et incessante le jour comme la nuit pour préserver nos ports et nos rades des effets désastreux des flottilles infernales à vapeur dont les plans renfermés dans les archives secrètes du conseil de l'amirauté de Londres n'attendraient que le premier coup de canon pour être organisés et lancés. Deux plans bien mûris, que je dois taire devant le public, pour aller droit au cœur de l'Angleterre, et, Dieu aidant, je ne désespérerais pas de nos succès. La défaite de l'escadre anglaise en octobre 1805, aurait amené la chute de leur ministère, et le peuple trompé se ruant avec colère contre leur oligarchie aurait contraint celle-ci d'accepter ou de demander la paix à l'empereur Napoléon Ier.

Tirera-t-on à boulet rouge sur ma brochure? je ne le pense pas, car on tirerait sur des fortifications françaises à l'état d'adolescence et qu'il faut, au contraire, faire passer à la situation de virilité confirmée pour tenir tête à un Milon de Crotone, sur ma première et deuxième ligue d'embossage, sur nos escadres, sur les arsenaux de Toulon et de toute la France maritime qu'il faut au contraire précieusement conserver. Toutefois, si quelques-uns se proposaient de l'attaquer, je leur dirai, ô mes amis, vous, gardez vos boulets pour arrêter une escadre anglaise se présentant avec l'intention d'incendier les trésors de l'État. Quant aux autres, je les engagerai à lancer leurs obus pour faire sauter en l'air les caissons de l'artillerie d'une armée autrichienne campée dans les plaines de la Garde ou de La Valette.

Quant à moi, courbé sous le poids des années, ma vue soutenue par des lunettes à verres convexes, mes mains munies de fils doubles à ligature, je serai près de vous pour arrêter l'écoulement d'un sang répandu pour le salut du grand matériel naval de l'État, comme pour préserver Toulon des horreurs d'un siége.

La nature a été on ne peut pas plus libérale envers Toulon.

Les hommes à qui il incombait d'user de cette libéralité pour en faire une merveille de guerre, digne de l'admiration des marines étrangères, n'ent ont tiré qu'un parti bien minime.

La Providence aurait-elle donc réservé à l'empereur Napoléon III le soin de convertir ce port en une place maritime la plus imposante de toutes celles qui sont échelonnées depuis Gibraltar jusqu'aux Dardanelles, et en faire à la fois un des monuments glorieux et de sa renommée et du grand pays de France dont Sa Majesté Napoléon III est à la fois le père et le défenseur.

Avant de nous quitter, Messieurs, faisons ensemble cette prière qui sera notre *Domine, salvum fac*; que les lumières du St-Esprit continuent d'éclairer l'Empereur Napoléon III, l'avertissent à temps pour le soustraire aux piéges de ses ennemis, jaloux de la grandeur de sa renommée, de la tranquillité et de la vaillance du peuple français; et que dans cette protection ne soient oubliés ni sa gracieuse compagne ni le jeune Prince impérial et toute la dynastie napoléonnienne, que Notre-Dame de Paris enfin, la patronne de 42,000,000 d'âmes, daigne prendre sous sa protection le sol sacré de notre vieille Gaule, et nos vœux seront exaucés.

FIN.

Paris. — Imprimé par E. THUNOT et Cᵉ, rue Racine, 26.

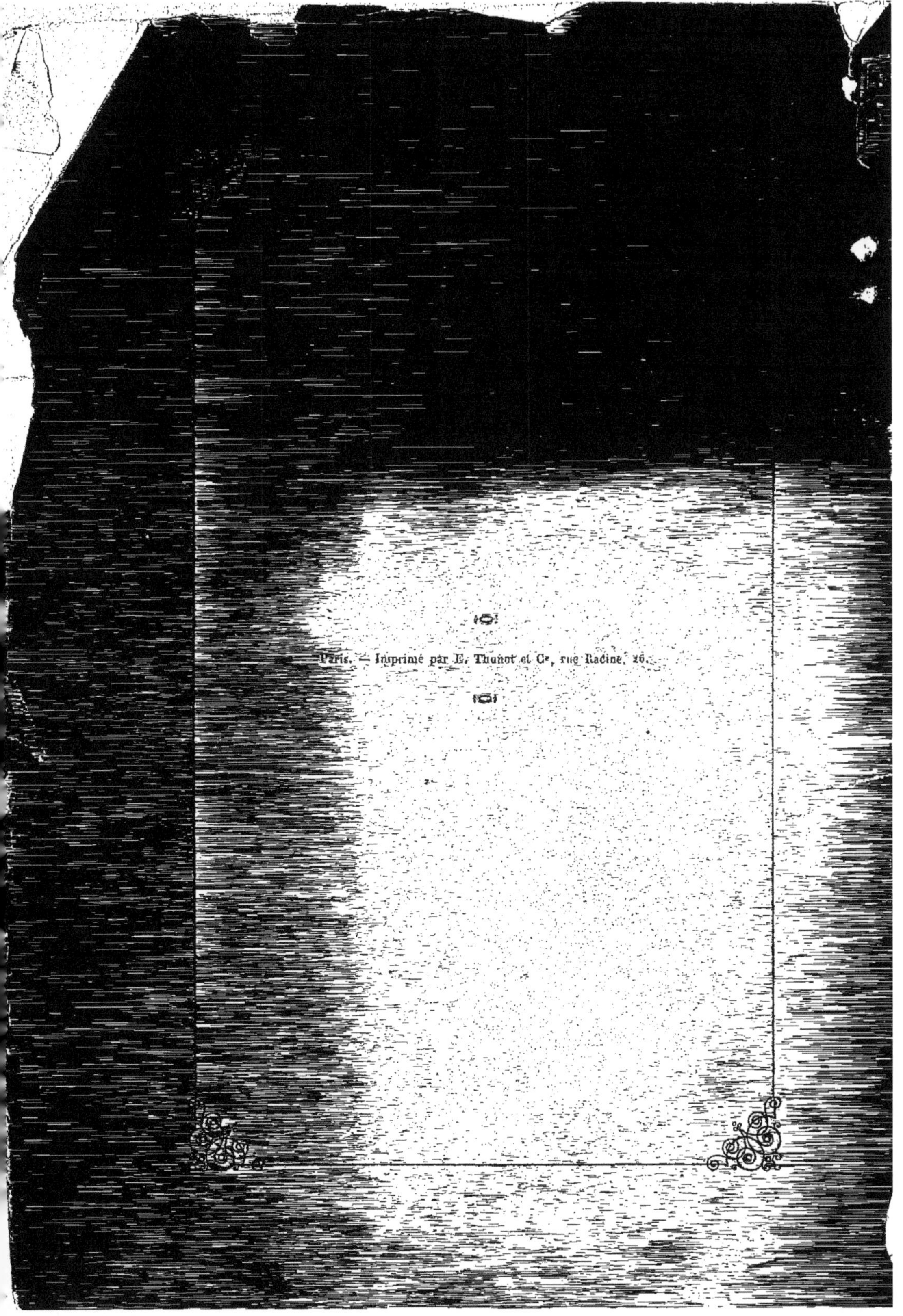

Paris. — Imprimé par E. Thunot et Ce, rue Racine, 26.